novum pro

AF146894

JANINA FALK

Erlebte Wunder

novum pro

www.novumverlag.com

Bibliografische Information
der Deutschen Nationalbibliothek:

Die Deutsche Nationalbibliothek
verzeichnet diese Publikation in
der Deutschen Nationalbibliografie.
Detaillierte bibliografische Daten
sind im Internet über
http://www.d-nb.de abrufbar.

Alle Rechte der Verbreitung,
auch durch Film, Funk und Fernsehen,
fotomechanische Wiedergabe,
Tonträger, elektronische Datenträger
und auszugsweisen Nachdruck,
sind vorbehalten.

© 2021 novum Verlag

ISBN 978-3-99107-446-5
Lektorat: Susanne Schilp
Umschlagfotos: Irina Volkova,
Zulmanvideo | Dreamstime.com
Umschlaggestaltung, Layout & Satz:
novum Verlag

Gedruckt in der Europäischen Union
auf umweltfreundlichem, chlor- und
säurefrei gebleichtem Papier.

www.novumverlag.com

Inhaltsverzeichnis

Prolog 7
Wie Gott mich zu IHM führt 8
Alinas Nase 10
Die Warze 13
Alinas Nieren 15
Der Weg zu unserem Haus 18
Durchschmorte Holzlampe 21
„Fahr nach Essen" 22
Claudias Angst vor Hunden schlägt
in Hundefreundin um 24
Bewahrung beim entgegenkommenden Auto 25
Der Tank 26
Großeinkauf – geschenkt 27
Orkantief Christian und seine Folgen 29
Rauch im Gästezimmer 33
Torben gibt doch nicht auf 35
Ein „Engel", der beim Problem Rheingas half 37
Hundefutterlieferantenwechsel 40
Kleidung für Florian 43
Wie ich wieder eine Gemeinde fand 45
Ungerechte Geschichte um
ein demoliertes Fahrrad 49
Heiße Asche 53
Probleme mit der Post und Wasserschaden 55
Das Heizungswunder 57
Neue Schritte wagen in Breklum (2017) 58
Erbrechen und vierzig Fieber 60
Winterstiefel – ein Geschenk Gottes 62
„Du sollst das Haus nicht verkaufen" 63
Wie ich wieder eine Gemeinde fand (Fortsetzung) 66

Sommergewitter im Mai und seine Folgen 70
Probleme mit der Haut von Grace 71
Vergeben – eine schwere Aufgabe 72
Überraschende Unterstützung vom
Hauskreis und Angriffe vom Feind 75
Epilog 79

Prolog

Was denkt Ihr, wenn Ihr das Wort „Wunder" hört? Das gibt es doch gar nicht? Wer erlebt denn heute noch Wunder? Wunder, davon steht doch was in der Bibel, aber heute in unserer Zeit?

Ja, heute, in unserer Zeit. Als Christen hören und lesen wir immer wieder mal von Wundern, vom Eingreifen Gottes. Mal ist es ein richtig großes Wunder. Doch meistens dürfen wir uns an den kleineren Wundern erfreuen, die unseren Alltag sehr erleichtern und hin und wieder auch richtig staunen lassen.

Als Christen sollten wir auch häufiger einander fragen, was wir in letzter Zeit mit Gott erlebt haben. So können wir uns gegenseitig wunderbar ermutigen. Und auch daraus kann schon wieder ein Wunder geschehen. Bei unserem Gott ist alles möglich. Ich glaube, wir müssen viel mehr unsere Ohren am Herzen zu IHM hin öffnen.

Oder denkt Ihr jetzt, das sind doch alles keine Wunder, das sind doch bloß Zufälle? Dazu habe ich nur eines zu sagen: Zufälle sind von Gott zugefallen.

In diesem Buch möchte ich von den Dingen erzählen, die ich im Alltag erlebt habe. Wie Gott in Schwierigkeiten eingreift und uns immer wieder Hoffnung schenkt. SEINE Liebe trägt uns und das tut so sehr gut. Ich lebe eine tiefe Beziehung zu Gott und werde IHN also mit in meine Geschichten hineinnehmen. Ich hoffe, Euch Anregungen zu geben, selbst Eure Beziehung zu Gott zu überdenken und zu erneuern

Zum Umgang dieses Buches: Die Kapitel sind in sich abgeschlossen, daher kann es zu Wiederholungsberichten kommen. Es ist also möglich dieses Buch auch quer zu lesen.

Wie Gott mich zu IHM führte

Schon seit einiger Zeit fühlte ich eine tiefe Leere in mir. Ich lebte mit meinen Söhnen Pascal und Florian, neun Jahre und etwa sechs Monate, und unseren Shelties Chiara, Laila und Alina in Tinnum auf Sylt. Wir hatten eigentlich alles, was wir brauchten. Als Alleinerziehende ging es mir wirklich sehr gut. Doch etwas fehlte mir, ich konnte nur nicht sagen, was.

Ich kaufte mir irgendwann im Buchladen eine Bibel, doch fiel mir das Lesen schwer. Alle fünf bis sechs Wochen ging ich mit meinen Söhnen in Keitum in die Sankt-Severi zum Gottesdienst für Groß und Klein. Doch das war mir zu wenig. Ich wollte mehr und ich spürte, da *ist* mehr. Aber wo? Wie konnte ich es finden?

Wöchentlich ging ich zur Stillgruppe, manchmal kam Pascal mit. Die Leiterin unterhielt sich gemeinsam mit Pia, die die Leiterin hin und wieder mal vertrat, und mit einer weiteren Mutter, die selbst einen Sohn etwa in Florians Alter hatte. Ich hörte, wie sie vom Gottesdienst sprachen und fragte nach.

Sie seien bei den Sylter Hauskreisen.

„Wo ist das denn?", fragte ich.

„Im alten Tower", antwortete die Leiterin.

Ich erkundigte mich, wie man da hinkomme und wann denn Gottesdienst sei. Und so war ich am folgenden Sonntag um zehn Uhr mit meinen Jungs im Tower.

Ich erlebte einen Lobpreis voller Schwung und Freude und Energie mit Tanz und Flaggen und Gebet. Ich war beGEISTERT. An die Predigt kann ich mich nicht mehr erinnern. Und an die Gespräche anschließend auch nicht mehr. Aber ich sprach mit den Leitern, Wolfgang und Petra Knuth, sehr ausführlich. Ich erzählte von meiner Suche und der Leere, sie erzählten mir von den Voraussetzungen einer Lebensübergabe. Es handelt sich dabei um eine neue Geburt, ein Mensch wird verändert, um Teil einer neuen Schöpfung zu werden. Man wird in ein Königreich aufgenommen, daher muss auch völlige Unterordnung unter den König der Könige das Leben bestimmen.

Alles, was ich an diesem Vormittag sah und hörte, gefiel mir so sehr, sprach mich so stark an, dass ich an Ort und Stelle mein Leben übergab. Von nun an waren wir drei regelmäßig bei den Gottesdiensten und nicht sehr viel später nahm ich auch am Hauskreis teil. Ich las die Evangelien sehr aufmerksam, fragte viel und lebte mein Leben nun als Christin.

Alinas Nase

Mit Kalle und Birgitt, einem befreundeten Ehepaar aus unserer Gemeinde, waren wir mal wieder für ein Wochenende in Jels, auf dem Campingplatz in Dänemark. Mit dabei waren außer Florian und mir natürlich unsere Hunde Chiara, Laila und Alina sowie Bounty, der Hund von Kalle und Birgitt.

Wir hatten einen Ausflug ins Kattegat Center in Grenaa geplant. Auf dem Weg dorthin machten wir an einem Wald mit Hundefreilauf Rast und noch einen richtig schönen Spaziergang mit den Hunden, wobei sie sich ordentlich austobten. Bounty liebte es, große Stöcke zu tragen, was immer wieder „Stockalarm" auslöste, denn Bounty schleppte den Stock natürlich quer zum Weg. Anschließend mussten sie dann im Auto bleiben, während wir uns Haie, Rochen und Co. ansahen. Florian war begeistert von den vielen Fischen und Raubtieren. Es war aber auch wirklich sehr interessant.

Nach einigen Stunden kamen wir dann zurück zum Auto und fuhren an den nahe gelegenen Strand. Hier wollten wir die Hunde wieder laufen lassen. Natürlich war die Freude riesig und laut bellend nahmen die Fellmonster den Strand in Beschlag.

Klar, dass es nicht lange dauerte, bis Bounty einen Stock hatte, den er Kalle brachte. Dieser nahm den Stock, sah sich noch um, um sicherzugehen, dass Florian nicht hinter ihm war und holte aus. Fast im selben Moment jaulte einer der Hunde auf und das Jaulen nahm kein Ende mehr. Alina lag im Sand und schrie. Sofort waren alle anderen Hunde bei ihr und wir auch. Florian stand entsetzt da, während wir unsere Hände auf Alina legten und beteten. Das Schreien hielt an.

Wir drängten die anderen Hunde ein wenig weg und sahen uns Alina genauer an. Birgitt meinte, ihre Nase sei gebrochen.

„Als wir vorhin in Grenaa reinfuhren, habe ich ein Schild mit Tierklinik gesehen", sagte sie und so planten wir, dass ich mit Kalle und Alina, die ich inzwischen auf dem Arm hatte, zu der Klinik fuhr, während Birgitt mit Florian und den anderen Hunden am Strand blieb.

An der Klinik angekommen war keiner da. Natürlich, es war Wochenende, Samstagabend. Ein Telefon war da. Auf Dänisch stand etwas daneben. Wie gut, dass Kalle und Birgitt Dänisch lernten, so konnte Kalle zumindest etwas verstehen, was da stand und rief die dort erwähnte Nummer an. Das Gespräch fand auf Dänisch statt und anschließende sagte Kalle, dass gleich jemand kommen würde.

Wir warteten. Und warteten. Zehn Minuten, zwanzig Minuten …

Wir hatten noch die etwa eineinhalbstündige Autofahrt nach Jels vor uns. Florian musste essen – und dann schlafen.

Dreißig Minuten.

Wir entdeckten Scheiblettenkäse im Kofferraum und boten Alina etwas davon an. Sie nahm es! Und sie trank auch das Wasser, das wir ihr auch anboten.

Als auch nach fünfzig Minuten noch niemand gekommen war, entschieden wir uns, Birgitt, Florian und die anderen Hunde zu holen und zurück zum Campingplatz zu fahren. Bei der „Raubtierfütterung" fraß auch Alina wie immer und wir dankten Gott für sein Wirken an Alinas Nase. Es schien tatsächlich alles in bester Ordnung zu sein.

Am folgenden Morgen gingen Birgitt, Florian und ich mit den Hunden Brötchen holen und machten noch einen Schlenker an den Jelser See. Sobald wir dort an eine Sandfläche vor dem Wasser kamen, hörten wir ein Aufjaulen– und Alina war weg.

SCHOCK!!! Wie sollte das denn gehen? Wir wohnten doch auf einer Insel!

Diese Gedanken schossen mir durch den Kopf, während wir hinter Alina hergingen und sie riefen. Sie war nicht weit gelaufen. Aber Strand? Nein, das wollte sie nicht.

Beim Frühstück erzählten wir Kalle davon und begannen wieder, für Alina zu beten. Der Knobel, den Alina gestern noch auf ihrer Nase hatte, war weg, meinte Birgitt.

Alina fraß, ihr ging es gut. Nur der Strand, den mochte sie nicht.

Florian und ich waren mit unseren Shelties wieder zu Hause auf Sylt. Kalle und Birgitt hatten noch Urlaub und waren noch in Jels geblieben. Ich wollte es am folgenden Tag nochmal wissen und fuhr mit Kind und Hunden an den Strand. Wir gingen vom Parkplatz durch die Dünen, als vor uns der Strand und das Meer auftauchten. Freudig liefen unsere Shelties die Düne hinunter und tobten übermütig über den Strand. Und Alina? Ich sah mich suchend nach ihr um – und entdeckte sie bei Chiara und Laila. Ja, sie war mit ihnen gelaufen! Keine Spur von Schock oder Angst. Nur Freude an der Weite und am gemeinsamen Spiel mit ihrer Mutter und ihrer Freundin. Ich dankte Gott laut jubelnd. Oh ja, gepriesen sei unser Gott!

Die Warze

Ich war gerade zum Glauben gekommen und noch nicht lange in der Gemeinde Sylter Hauskreise, als ich bei Pascal eine Warze am Finger entdeckte. Was tun, fragte ich mich. Operieren? Tinktur? Ich entschied mich, es zuerst mit Gebet zu versuchen. Und ich bat auch einige aus der Gemeinde, dafür zu beten, dass die Warze von selbst verschwinden möge.

Die Herbstferien begannen und wir fuhren zu meiner Freundin ins Allgäu. Weiterhin betete ich täglich mit Handauflegen dafür, dass die Warze doch verschwinden möge.

Am ersten Schultag nach den Ferien veränderte sich unser Leben radikal. Pascal verschwand aus unserem Leben, weil sowohl meine Mutter als auch mein Bruder und mein Ex-Mann der Meinung waren, Pascal müsse von mir weg und in der Schweiz beschult werden. Mit einem Schlag war die Warze vergessen und ich bemühte mich, mit meiner tiefen Verletzung, für mich und Florian ein neues Leben aufzubauen. Diese Zeit überstand ich nur mit Hilfe meines Glaubens und den Mitgliedern der Sylter Hauskreise.

Zwischendurch erinnerte ich mich hin und wieder mal an die Warze und dann betete ich wie gehabt um ihr Verschwinden.

Die Zeit verging. Weder in den Weihnachtsferien noch in den Frühlingsferien durfte Pascal zu uns kommen. Erst im Sommer wurde es gestattet, dass er uns für zehn Tage besuchen durfte. Es fühlte sich irgendwie nicht richtig an, so wie es war. Doch ich konnte daran nichts ändern.

Irgendwann in diesen zehn Tagen fiel mir die Warze ein und ich sprach Pascal darauf an. Daraufhin sah er sich seine Hände ganz genau an, doch er fand nichts.

„Hat Omi eine Tinktur benutzt?", fragte ich ihn. Er verneinte.

„Oder wurde die Warze wegoperiert?"
Wieder schüttelte er den Kopf.
„Weißt du noch, wo sie war?"
„Nein."
Nichts, es war nichts mehr da. Die Warze war verschwunden. Auch wenn jemand, für den wir beten, weit weg ist, hat unser wunderbarer Gott die Macht, unsere Gebete zu erhören.

Alinas Nieren

Bevor ich Florian von der Schule abholte, machte ich jeden Tag eine richtig schöne Spazierrunde mit unseren Hunden. Mal fuhr ich zum Morsum-Wäldchen, mal an den Strand, mal zum Deich. An diesem Tag wählte ich die Tinnumer Wiesen und zwar eine besonders ruhige Ecke.

Ich parkte das Auto, stieg aus und ließ die Hunde aus dem Kofferraum. Doch was war das? Der Kofferraum war total voll von Erbrochenem. Nach gut fünf Minuten Fahrt.

Chiara und Laila sprangen auf mein Kommando hin aus dem Auto. Ich griff zur Haushaltsrolle, die ich immer dabeihatte, und begann, das Erbrochene zu entfernen.

Inzwischen war auch Alina aus dem Auto ausgestiegen, verhielt sich aber sehr viel ruhiger als die anderen beiden, die darauf drängten, endlich loslaufen zu dürfen.

Ich legte die verschmutzten Haushaltstücher erst mal in eine Ecke des Kofferraums, schloss diesen und gab das Startzeichen. Chiara und Laila ließen sich das nicht zweimal sagen und sausten los. Alina folgte langsam. Sehr langsam. Sie schwankte.

„Was hast du, Alina?", fragte ich besorgt.

Sie schaffte es noch bis zu dem Weg, auf dem die anderen vorgelaufen waren und sich nach uns umsahen. Dann fiel sie auf die Seite.

Alarmiert, dass hier nun wirklich etwas nicht stimmte, nahm ich Alina auf den Arm und rief die anderen zurück. Ein Blick auf die Uhr sagte mir, dass ich noch gerade eben zehn Minuten Zeit hatte, um die Tierärztin **zu erreichen**, bevor sie Mittagspause machte. Ich betete, dass sie auf jeden Fall noch da sein möge, sonst starb mir Alina weg, das wurde mir schlagartig klar. Ich legte Alina vorsichtig vorne zum Beifahrerfuß.

Chiara und Laila ließ ich wieder in den Kofferraum und dann ab zum Tierarzt.

„Bitte, Jesus, lass sie noch da sein", betete ich verzweifelt nach einem Blick auf die Uhr, „und lass mich gut durchkommen. Oh Gott, Alina darf nicht sterben …"

Es war vielleicht fünf Minuten nach zwölf, als ich direkt vor der Praxis parkte und sofort in die Praxis stürzte. Sie war noch auf – war auch Doktor von Kobilinski noch da?

„Oh, Gott, bitte …"

Ja, sie war noch da. Sie kam mit raus und holte Alina rein. Schneller, als ich kucken konnte, bekam sie auch schon eine Infusion. Da lag sie nun auf dem Tisch, am Tropf, vollkommen bewegungslos.

Frau Kobilinski stellte mir Fragen, was genau vorgefallen war, ob sie etwas Ungewöhnliches gefressen hätte und, und, und.

Die Sprechstundenhelferin bekam Anweisungen und ihre Mittagspause war gestrichen. Hier ging es jetzt um Alinas Leben.

Gegen Viertel vor eins musste ich schweren Herzens losfahren, um Florian von der Schule abzuholen und ihm etwas zu essen zu machen. Auch Ivonne von Kobilinski musste zu einem Termin. Deswegen sollte ja auch die Sprechstundenhelferin dableiben, die genaue Anweisungen bekommen hatte. Ich sollte gegen fünfzehn Uhr dreißig wieder zur Praxis kommen.

Ich holte Florian ab und erzählte ihm so schonend wie möglich, dass Alina beim Tierarzt war, weil sie zusammengebrochen war, nachdem sie sehr viel erbrochen hatte. Auf seine Frage „Warum?" hatte ich keine Antwort.

Bei diesem Mittagessen beteten wir sehr viel. Anschließend mühten wir uns mit den Hausaufgaben ab.

Vor meinem inneren Auge lief Alinas Leben ab. Ihre Geburt, wie sie auf meiner Handfläche lag, die erste und zugleich auch ihre letzte Ausstellung, weil sie zu hell war. Wie begeistert sie beim Tricktraining war, das Erlebnis mit ihrer Nase im Kattegat. Alina war noch keine neun Jahre alt.

Endlich war es Zeit, um in die Praxis zu fahren. Florian kam mit, Chiara und Laila blieben zu Hause.

Wir konnten sofort ins Behandlungszimmer und weiter in den Raum, in dem auch das Ultraschallgerät und die Röntgengeräte standen. Alina lag noch am Tropf, aber als wir reinkamen, zuckte ihre Schwanzspitze ganz leicht. Sie erkannte uns, versuchte zu wedeln. Welch eine Erleichterung, was war das rührend.

Alina sollte noch am Tropf bleiben. Es war Ultraschall gemacht worden, sie wurde geröntgt. Sie hatte Spritzen bekommen und ich würde nachher Medikamente mitkriegen. Etwas vor achtzehn Uhr sollten wir sie abholen.

Das war nun die Zeit, in der Chiara und Laila endlich ihren Spaziergang bekamen.

Natürlich holten wir Alina pünktlich ab. Sie war noch sehr schwach, aber sie lebte. Die Tierärztin hatte ihr tatsächlich das Leben gerettet, Jesus unsere Gebete erhört.

In der nächsten Zeitmusste Alina täglich, dann nochmal alle zwei Tage in die Praxis, um Spritzen zu bekommen. Und ihre Nierenwerte mussten kontrolliert werden. Das sollte auch zukünftig jährlich der Fall sein.

Nach einer Woche ging es Alina schon wieder richtig gut und zwei weitere Tage später fand die Abschlussuntersuchung statt. Unsere Alina hat es geschafft.

Nicht auszudenken, was passiert wäre, wenn Ivonne von Kobilinski um kurz nach zwölf schon weg gewesen wäre. Danke, Jesus, dass du dafür gesorgt hast, dass alles reibungslos verlaufen ist.

Der Weg zu unserem Haus

Auf der schönen Insel Sylt wurde sehr viel gebaut. Ein Hotel in List und weitere Hotels in anderen Inselorten. Und in Keitum wurde die Therme gebaut. Und dabei war die Insel im Sommer doch schon längst überfüllt. Wo sollte das noch hinführen?

Sogar bei den täglichen Spaziergängen mit den Hunden merkte man das. Rücksichtslose Jogger waren nur ein Beispiel, aber genau mit solchen hatte ich ein Erlebnis hinter mir, das – Gott sei Dank – gut ausging.

Seit ein paar Wochen war Sunny bei uns und ich wollte mit ihr etwas Grunderziehung machen und war mit ihr alleine in den Tinnumer Wiesen unterwegs. Alles lief prima. Wir übten „Fuß" an der Leine und im Freilauf. Sunny machte sehr gut mit und so ließ ich sie am Wegesrand schnuppern, als zwei Jogger in unseren Weg einbogen. Sie kamen aber nicht im Geringsten auf den Gedanken, ihr Tempo ein wenig zu reduzieren. Sunny erschrak und obwohl ich sie rief, lief sie den Weg zurück, den wir gerade gekommen waren. Und die Jogger liefen immer noch im selben Tempo weiter. Ja, waren sie denn taub? Oder blind? Sunny war aus meinem Blickfeld verschwunden und ich ging nun auch sorgenvoll diesen Weg zurück. Immerhin lag eine Straße auf dem Weg zu uns nach Hause und ich konnte nur beten, dass nicht gerade ein Auto kam, wenn Sunny hinüberlief

Als ich zu Hause ankam, war keine Sunny vor der Pforte und ich kam halb um vor Sorge. Sunnys Namen rufend suchte ich weiter. Schließlich ging ich nach Hause. Aber was war denn das? Wie war Sunny in den Garten gekommen?

Florian, der die ganze Zeit im Haus war, hatte da eine Idee. Er meinte, eine Klassenkameradin könnte die Pforte für Sunny aufgemacht haben. Er fragte nach – ja, sie habe den Hund vor der Pforte gesehen und ihn reingelassen, weil sie ja wusste, dass wir Shelties haben.

Oh, ich war ihr – und Gott – ja so dankbar!

Wir waren mit unseren Hunden in den Tinnumer Wiesen unterwegs. Wieder mal kamen uns viele andere Spaziergänger entgegen, was an sich ja in Ordnung war. Doch es gab blöde Kommentare und rücksichtslose Hundebesitzer. Aus irgendeinem Grund war ich schon sehr labil, da traf mich das Verhalten der anderen noch heftiger. Es muss sogar sehr heftig gewesen sein, denn auf einmal fing ich an zu weinen. Ich weinte so sehr, dass Florian mich zur nächsten Bank führte und sagte: „Setz dich erst mal."

Das tat ich auch, nachdem wir unsere Hunde angeleint hatten. Ich sah mich in der Landschaft um – auch hier erblickte man einen Kran. Und dann sprach ich es aus: „Ich will hier weg."

Hatte das wirklich ich gesagt? Ich hatte doch immer so gerne auf dieser Insel gelebt. Doch, ja, das waren meine Worte gewesen.

Die Zeit verging. Es wurde Herbst. Hin und wieder sah ich im Internet nach Häusern auf dem Festland. Unsere Haushälterin Kathleen erwähnte das Haus von ihrem ältesten Sohn Hannes. Es war in Neukirchen, gar nicht mal so weit von Kathleen. Ob wir uns das Haus nicht mal ansehen wollten? Warum eigentlich nicht?

So fuhren Florian und ich mit dem Zug nach Klanxbüll und mit Kathleen weiter zum Haus ihres Sohnes. Es war blau und eher eine Halle als ein Haus. Etwa die Hälfte, wenn nicht mehr, wurde auch als Halle gebraucht. Garage, Werkstatt für Taxen, die Taxizentrale. Da könnte sie ihren Bügelraum einrichten, meinte Kathleen. Und ich hätte einen tollen Indoor-Trainingsraum für meine Hunde. Auch das Grundstück war nicht unbedingt klein, allerdings eine Straße rundherum

Natürlich wäre es für Kathleen super, sie hätte einen zehnminütigen Arbeitsweg. Und ihr Sohn hätte das Haus gut verkauft – meinte er.

Doch wir waren uns da gar nicht so sicher.

Kurz vor den Weihnachtsferien entdeckte ich es dann im Internet: das Haus in Hörup. Wo ist Hörup? Wir sahen auf der Karte nach. Seit Ewigkeiten waren wir da regelmäßig vorbei gefahren, hatten es aber nie auf der Rechnung. Das Grundstück war herrlich groß, das Haus war größer als das in Tinnum und es hatte den gleichen Baustil. Kurz: Es gefiel uns. Pascal, der die Weihnachtsferien bei uns verbrachte, sagte sogar: „Das oder keins."

Da flatterte plötzlich ein Kaufvertrag von Hannes ins Haus. Noch vor Weihnachten sollte der Termin bei dem Notar in Leck stattfinden, um zu unterschreiben. Halt, stopp! schrie es in mir. Das ging zu schnell. Ich hatte ja noch nicht mal das Okay von meiner Bank – wie konnte ich da etwas unterschreiben? Und dann noch für ein übertevertes Hallen-Haus, das ich gar nicht kaufen wollte? Als ich sowohl von Kathleen als auch von ihrem Sohn gedrängt wurde, auf die Terminplanung einzugehen, rief ich verzweifelt Norbert Litzkow an, der den Verkauf unseres Hauses organisierte. Er riet mir nicht nur davon ab, darauf einzugehen, er telefonierte schließlich auch selbst mit Hannes, weil er keine Ruhe gab.

Und Norbert meinte auch, dass das Haus übertevert sei.

So kam das Weihnachtsfest – und Hannes und wahrscheinlich auch Kathleen waren wohl sauer auf mich. Und das, obwohl ich ja auf jeden Fall zuerst das Okay der Bank brauche.

Im Januar fuhr ich mit Klaus nach Hörup, um mir das Haus anzusehen. Das, was ich da sah, gefiel mir sehr gut. Eine Koppel lag hinter dem Haus. Es gab eine Sauna. Die Zimmer waren schön hell und groß. Ich stellte es mir einfach herrlich vor, hier mit unseren Hunden zu leben. Das war die perfekte Sheltieoase.

Schließlich fuhren Florian und ich am 22. 2. – ein freier Tag auf der Insel, der Petritag, ein Tag nach der Biike – nach Hörup und auch zur Schule in Schafflund. Auch Florian gefiel das Haus.

Und so kaufte ich es – unsere Sheltieoase.

Ich war mir ganz sicher, dass Jesus uns hierhergeführt hat. Warum, konnte ich noch nicht sagen. Aber mit all den Verheißungen vom Hörenden Gebet beim letzten Hauskreis auf der Insel und wie sich hier alles entwickelt wurde es immer deutlicher.

Besonders dankbar war ich aber, dass Jesus uns vor dem Hallen-Haus bewahrt hat.

Durchschmorte Holzlampe

Über unserem runden Esstisch im Wohnzimmer hatte, ein Tischler, aus Holz eine runde Lampe gezimmert. Acht kleine Lämpchen waren am äußeren Rand des weißlackierten runden Holzes. Es sah sehr schön aus, vor allem auch deswegen, weil in der Mitte der Kerzenleuchter angebracht war. Die Lämpchen waren dimmbar. Es war wirklich stimmungsvoll.

Nun waren wir am Umziehen und alles musste raus. Dabei stellte sich heraus, dass die Birnchen total durchgeschmort waren. „Eigentlich", so Kathleen, „hätte das brennen müssen."

Wie war ich unserem Gott im Himmel dankbar, dass ER uns davor bewahrt hat!

„Fahr nach Essen"

Wir hatten mehrmals den Evangelisten Ray Young aus Amerika in unserer Gemeinde. Bei seinen Vorträgen erlebten wir den Heiligen Geist mit seiner ganzen Macht. Als ich am allerersten Abend sah, dass nach und nach immer mehr zu Boden fielen, nahm ich mir vor: ich nicht. Doch es kam, was kommen musste – auch mich rührte der Heilige Geist an. Das Ruhen im Geist war ein wunderbares Erlebnis – es brachte jedes Mal neue Heilung mit sich.

Ray war häufiger bei uns, wie schon erwähnt. Und jedes Mal lernten wir alle was dazu und wurden geheilt. Bei einer dieser Veranstaltungen wurde uns mitgeteilt, dass Ray Ende September in Essen sei und lud herzlich dazu ein, dorthin zu fahren.

Zu Hause stellte ich fest, dass das genau das Wochenende war, an dem ich mit Florian und Hündin Laila zu meiner Freundin Rike ins Allgäu fahren wollte. Somit war das Thema für mich erledigt.

Bis ich eines frühen Morgens beim Aufwachen ganz deutlich die Worte „Fahr nach Essen" hörte. Jesus? Wer sonst.

„Aber wie soll das gehen, Jesus?", fragte ich, „an dem Wochenende fahre ich doch zu Rike. Und ich fahre sicher nicht nach Essen und dann erst wieder zurück nach Sylt, um Florian und Laila zu holen".

„Fahr nach Essen", erhielt ich als Antwort.

„Aber nur, wenn du dafür sorgst, dass Florian und Laila gleich mitkönnen"

Ich sprach Wolfgang darauf an, erzählte ihm von dieser Stimme und er gab mir die Kontaktdaten von der Gemeinde in Essen.

Nachdem ich gebetet hatte, rief ich dort an. Ich erzählte von meinem eigentlichen Plan und von dem empfangenen Wort. Man würde sich bei mir melden.

Einige Tage später kam der Rückruf. In ihrer Gemeinde seien Kellerräume und auch ein Badezimmer. Ich könne dort übernachten. Mir wurden einige Fragen bezüglich Laila gestellt und ich erzählte, dass sie an den Kennel, also an die Hundebox, gewöhnt sei.

Ich bekam die Erlaubnis, mit Kind und Hund – Florian war zwei Jahre – die Räume unten zu benutzen.

Und so machten wir uns schließlich tatsächlich auf den Weg.

Es war eine herausfordernde Tagung für mich. Es flossen viele Tränen und obwohl alle um mich herum sehr nett und auch hilfsbereit waren, fühlte ich mich sehr einsam. Bis auf einmal am Samstag während der Kaffeezeit Karin in den Raum trat. Sie war auch oft bei uns in den Sylter Hauskreisen gewesen, wenn sie mit ihrem Mann Urlaub auf der Insel machte. Sie war auch bei mindestens einer Tagung mit Ray. Und nun tauchte sie hier auf, genau im richtigen Moment. Oh ja, Gott weiß, was ER tut.

Bei ihr heulte ich mich erst mal so richtig aus.

Als es dann weiterging, wurde es … nun ja, sagen wir, sehr interessant. Wieder war der Heilige Geist mächtig am Werk. Im Geist ruhen, weitere, sehr viele Tränen …

Und abends nach dem Abendessen – Florian schlief jetzt – bildeten die Menschen mit ihren Armen einen „Tunnel" und man sollte da durchgehen – mehrmals. Dabei passierte sehr viel, unter anderem auch viel Heilung. Mir – und auch vielen anderen – flossen die Tränen nur so über das Gesicht. Doch dann, nach mehreren Durchgängen, musste ich plötzlich lachen. Ich – und nicht nur ich – lachte so sehr, dass mir wiederum die Tränen über das Gesicht liefen. Und ich fühlte mich so befreit.

Was war geschehen? Ich hatte Verletzungen mit mir rumgeschleppt, bedingt durch den frühen Todes meines Vaters (ich war zwölf) und auch tiefe Verletzungen von meiner Mutter, überhaupt von meiner Familie. Und diese waren nun hochgekommen. Der Heilungsprozess konnte beginnen und nach den Ferien bei Rike würde ich damit bei der Seelsorge mit Petra anfangen.

Claudias Angst vor Hunden schlägt in Hundefreundin um

Kalle und Birgitt hatten ihren Hund Bounty eigentlich fast immer mit beim Gottesdienst. Während des Gottesdienstes war er im Auto, doch anschließend kam er auch in die Godi – Räumlichkeiten hoch. Wenn wir nach dem Gottesdienst zusammen mit den Hunden laufen wollten, nahm ich auch unsere drei Shelties mit.

Als ich Chiara, Laila und Alina das erste Mal aus dem Kofferraum ließ, konnte man gar nicht schnell genug kucken, um zu sehen, wie flink Claudia, die Tochter einer Glaubensschwester der Gemeinde auf das Klettergerüst geklettert war und misstrauisch die Hunde beobachtete. Bei Bounty hatte sie ähnlich reagiert, erzählte Birgitt mir.

Ungeachtet dessen nahmen wir weiterhin unsere Hunde mit, sagten Claudia aber vorher Bescheid, wenn wir die Hunde aus dem Auto ließen. Schnell ging es wieder auf das Klettergerüst oder, drinnen, in den Raum oben im Tower. Denn dorthin kamen die Hunde nicht.

So verging eine ganze Zeit. Da stellten wir auf einmal fest: Claudia saß nicht oben auf dem Klettergerüst, sondern spielte weiter mit den anderen Kindern. Sie beobachtete zwar die Hunde genau, aber sie lief nicht mehr weg.

Woran es genau lag, weiß ich nicht. Begeisterte sie die Tricks, die ich mit Alina machte? Oder fand sie unseren Welpen Grace, der seit Juni 2005 bei uns war, einfach zu süß? Jedenfalls konnte sie den Hunden auf einmal nicht genug das weiche Fell kraulen. Und auch mit Bounty entwickelte sich eine wunderbare Freundschaft.

Bewahrung beim entgegenkommenden Auto

Ich war auf dem Weg nach Hause und fuhr B 199 entlang. Es war nicht sehr viel los. Hin und wieder kamen einige Autos entgegen. Zwischendurch wurde ich einmal überholt. Alles im grünen Bereich.

Dann kamen mehrere Autos auf der Gegenfahrbahn entgegen. Und plötzlich tauchte vor mir ein Auto auf – auf meiner Seite! Ein Laster wollte der Fahrer überholen. Ja, sah der mich denn nicht?! Das reicht nicht, schoss es mir durch den Kopf und ich trat voll auf die Bremse. Erst danach sah ich in den Rückspiegel. Gott sei Dank, keiner hinter mir. Ich bremste und bremste – und das entgegenkommende Auto kam immer näher.

Da, endlich scherte der Fahrer vor dem Laster wieder in seine Spur ein.

Mein Herz raste und ich hatte ganz weiche Beine.

Glücklicherweise war dort gerade ein Parkplatz und ich fuhr von der Straße runter. Anhalten, Motor aus und nach hinten an die Sitzlehne fallen lassen.

Ich schloss die Augen, atmete tief durch und betete: „Danke, Gott, dass du da warst. Danke."

Ich brauchte eine ganze Weile, bis ich mich so weit beruhigt hatte und weiterfahren konnte.

Der Tank

Uns wurde das Geld knapp. Es sah nicht gut aus für die Zukunft. Meine Hundeschule wurde nicht angenommen. Und so kam leider auch kein Geld rein.

Deswegen zögerte ich, ob ich nach Flensburg fahren konnte oder nicht, denn tanken konnte ich erst nächste Woche wieder. Allerdings musste ich nach Flensburg.

Irgendetwas brachte mich dazu, in die Garage zu gehen und den Schlüssel ins Auto zu stecken, um die Tankanzeige sehen zu können. Aber was war das? Anstatt fast leer, war der Tank noch halb voll.

Ich dankte Gott dafür und machte mich für die Fahrt nach Flensburg fertig.

Großeinkauf – geschenkt

Wir erlebten eine Pfändung nach der anderen. Unliebsame Besucher klingelten an der Haustür. Und so gab es zuerst eine Hilfspfändung für das Auto, doch als ich auch die Versicherung und die KFZ-Steuer nicht mehr zahlen konnte, wurde es stillgelegt.

Und nun? Wie sollte ich Hundefutter holen? Wie Großeinkäufe erledigen?

Das Hundefutter bekam ich von Gerd schon seit einiger Zeit so. Oh, wie war ich ihm dafür dankbar. Doch wie sollte ich es nun von ihm nach Hause bekommen? Tanja, eine aus der Arche Flensburg und dem Hauskreis, bei dem ich inzwischen mangels Auto auch nicht mehr war, versprach mir, das Futter von Gerd zu holen und mir nach Hause zu fahren. Das war etwa alle sechs Wochen nötig. Meistens blieb sie dann noch ein oder zwei Stunden und wir beteten gemeinsam. Doch mit der Zeit brachte sie zwar nach wie vor das Futter, musste aber immer sofort wieder los

Anfangs fuhr ich zweimal wöchentlich mit dem Bus nach Schafflund zum Einkaufen. Doch dann stellte sich raus, dass Leck praktischer war. Hier konnte Florian mir beim Tragen helfen, wenn wir uns nach Schulschluss trafen.

Die Frage blieb, wie ich Großeinkäufe und vor allem Getränke nach Hause bekommen sollte. Es war schon schwer genug, es finanziell hinzukriegen.

Kurz vor Weihnachten gab es einmal ein Treffen in Hamburg mit einem Rechtsanwalt, meinem Bruder und mir. Wir sprachen über meine Situation und planten. So sollte mein Bruder mir monatlich die Miete, die mir vom Kösterberg, unserem Elternhaus, das uns gemeinsam gehörte, zustand, überweisen. Dafür sollte ich ein Pfändungsschutzkonto eröffnen. Ab Januar oder Februar sollte das so laufen.

So weit, so gut, doch die VR Bank lehnte es ab, bei ihnen so ein Pfändungsschutzkonto zu eröffnen. Auf meine verzweifelte Frage hin, welche Bank so etwas denn wohl mache, meinten sie, ich solle es bei der Sparkasse versuchen. Glücklicherweise gelang es dort.

Nach den unschönen Erfahrungen hatte ich Angst, an die Haustür zu gehen, wenn es klingelte. Es wurde sogar so schlimm, dass Florian und ich uns versteckten, wenn es klingelte. Und alles, was ich mir für diesen Tag noch vorgenommen hatte, war vergessen. Ich hatte einfach nicht mehr die Kraft, es zu machen und wenn es Hundetraining war, was mir doch eigentlich wirklich Spaß macht.

Eines Tages also, ich war gerade im Arbeits-Rüdenzimmer, klingelte es mal wieder und ich erstarrte. Die Vorhänge waren zugezogen – oh, wie war ich deswegen erleichtert. So brauchte ich nur schnell vorsichtig die Tür zuzustoßen und mich einfach ruhig verhalten. Aber warum verschwand dieser Jemand nicht? Es hörte sich so an, als liefe dieser Jemand mehrmals hin und her. Was sollte das?

Schließlich hörte ich dass das Auto vom Hof runter gefahren wurde. Irgendwann öffnete ich dann die Haustür – und traute meinen Augen kaum. Da lag ein kompletter Großeinkauf. Konserven, Brot, Margarine, H-Milch, Bananen, Aufschnitt, Käse – ach, ich weiß nicht, was alles!

Es war so viel, ich brauchte eine ganze Weile, bis alles im Haus, geschweige denn verstaut war.

Ich hatte Tanja davon erzählt und sie gefragt, ob sie wüsste, wer das gewesen war. Sie hatte es irgendwann verraten. Als ich es bei einem Telefongespräch mit Britta mal ansprach, winkte sie ab.

Doch ich werde das nie vergessen und dankte Gott dafür, dass ER sie und den Hauskreis so geführt hatte.

Orkantief Christian und seine Folgen

Ein Orkantief war angesagt, hauptsächlich für Nordfriesland, doch wir waren ziemlich genau auf der Grenze auf der Schleswig-Flensburger Seite. Florian ging aber in Nordfriesland zur Schule. Deswegen sagte ich ihm auch, dass er sofort nach Schulschluss zum Bus gehen sollte. Ich konnte ihn nicht abholen, denn seit September – es war Anfang November – hatte ich aufgrund fehlender Versicherung nicht mehr die Möglichkeit, mit dem Auto zu fahren.

Ich verfolgte die Nachrichten. Es wurde eine Unwetterwarnung herausgegeben. Und in Nordfriesland, so brachten die Elf-Uhr-Nachrichten es, sollten die Schüler nach der vierten Stunde nach Hause geschickt werden.

Es waren Orkanböen der Windstärke zwölf angesagt.

Erinnerungen an Orkantief Anatol im Dezember 1999 kamen hoch. Damals lebten wir noch auf Sylt, Pascal war auch noch bei mir und ich war mit Florian schwanger. Bei einer Gassi-Runde mit unseren Hunden drückten die Böen uns ganz schön heftig entgegen und Pascal und ich waren froh, wieder zu Hause zu sein. Als der Strom damals ausfiel, es war schon Abend, gingen wir einfach zu Bett.

Florian war um zwölf Uhr zu Hause.

Der Sturm legte allmählich zu. Und etwas vor vierzehn Uhr ging es dann so richtig zur Sache. Es polterte und krachte, ächzte und stöhnte. Mir fiel es schwer zu beten, doch in „Sprachen" zu beten gelang mir. In Sprachen beten ist eine Geistesgabe. Bis mit einem heftigen Knall die erste Dachziegel auf unserer Terrasse landeten.

KRACH! KNALL!

Es flog nur so! Dachziegel um Dachziegel

„WO BIST DU?", schrie ich, gelähmt vor Angst.

Bei jedem Knacken und Krachen zuckte ich zusammen. Ich hatte Angst, dass unsere Fensterfront einstürzte. Es war schrecklich, einfach nur schrecklich.

„Lass uns in der Bibel lesen", sagte Florian.

Gute Idee. Doch auch das fiel mir sehr schwer. Ich schlug die Psalmen auf und wir lasen abwechselnd jeder aus seiner Bibel vor.

Endlich wurden wir allmählich ruhiger, obwohl es immer noch heftig da draußen krachte.

Doch endlich wurde es auch draußen ruhiger. Wir hatten es überstanden – und nur ganz kurz Stromausfall gehabt. Doch die Uhr vom Receiver funktionierte nicht mehr – und, wie wir später feststellten, der Fernseher auch nicht.

Als Florian abends im Bett lag und ich gerade betete, traf uns der nächste Schreck: War da ein WASSERFLECK? Gütiger Gott, da auch!

Am Nachmittag hatte Florian auf meine Bitte hin meinem Bruder schon eine SMS geschrieben, doch wie konnte es anders sein? Er hatte nicht geantwortet. So kannten wir ihn. Leider.

Nun bat ich Florian, sein Handy nochmal anzumachen und Pascal eine SMS zu schreiben. „Ruf bitte sofort an!"

Nach knapp zehn Minuten, die uns wie eine Ewigkeit vorkamen, tat er es.

Er solle unbedingt klären, das er in den nächsten Tagen mit jemandem aus der Firma, in der er arbeitet, hierher kommt, um das Dach zu reparieren, da wir keine Versicherung hatten, aber Wasserflecken in Florians Zimmer.

Pascal wollte sich am folgenden Tag darum kümmern.

Florian schlief in dieser Nacht bei mir.

Am folgenden Tag – Dienstag – fiel sowohl in Nordfriesland als auch in Flensburg der Schulunterricht aus. In Schleswig-Flensburg seltsamerweise nicht.

Auf unserem Spaziergang mit den Hunden gingen wir die Nordhackstedter Straße entlang. Die Schäden waren erschreckend. Kaum ein Haus war unbeschädigt. Der große Baum, der einst auf der Verkehrsinsel am Beginn der Schulstraße gestanden hatte, lag jetzt über der Straße. Auch im weiteren Verlauf der Osterstraße war ein Baum umgestürzt.

Von meinem Bruder fühlte ich mich total im Stich gelassen. Er meldete sich nicht einmal. Pascal aber, der am Tag nach dem Unwetter dreiundzwanzig Jahre wurde, meldete sich mehrfach. Doch eine Zusage, dass er mit einem Kollegen, der Dachdecker war, kommen konnte, gab es nicht.

Am Nachmittag erfuhren wir von Torben, unseren Nachbar, das die B 199 gesperrt sei. Wo? Wie fuhr der Bus? Wenn er nach Leck hier vorbeifuhr, wie sah es auf dem Rückweg von Leck aus – wegen Florians Schule? Wenn nicht, wo landet Florian dann eventuell nach der Schule?

Pascal meinte am Telefon, lieber auf Nummer sicher zu gehen und Florian auch morgen zu Hause zu lassen. Da ich kein Telefon hatte und Florian zu wenig Geld auf seinem Handy hatte, gab ich Pascal die Telefonnummer der Schule und er würde Florian am folgenden Morgen entschuldigen.

Am Donnerstag war Florian wieder in der Schule – und der Wasserfleck in seinem Zimmer sehr viel größer!

An diesem Abend kamen mir nicht nur ein paar Tränen, wie es in den letzten Tagen der Fall gewesen war. Nein, ich weinte. Herzzerreißend.

Was sollten wir nur tun? Keine Versicherung. Dach kaputt. Regen. Und zu allem Überfluss hatte die Pflegemutter von Florians Freund Jens, gesagt, dass der nächste Sturm mit Orkanstärke auf dem Weg zu uns war. Sie hatte mich mit zum Einkaufen genommen.

Verzweifelt betete ich. Was sollte nur werden? Das Dach musste gedeckt werden und zwar schnell! Oh, das Beten war mir schon mal sehr viel leichter gefallen.

Ich versuchte es mit dem Lesen von Psalmen. Doch immer wieder musste ich weinen.

So kam es, das Florian, der gerade vom Hof zurückgekommen war, nochmal zu Torben ging und ihm von unserer Situation berichtete.

Am Freitagmorgen kam Torben mit seinem Vater Peter Wilhelm und sie sahen sich den Schaden an. Sowohl das Dach als auch den Wasserfleck in Florians Zimmer. Und Dachziegel, so stellten wir fest, hatten wir noch über der Garage liegen. Sie müssten eine große Leiter organisieren.

Um kurz vor zwölf war Florian von der Schule zurück und sagte, das Pascal gerade angerufen hätte. Er sei mit einem Kollegen auf dem Weg hierher.

Und dann ging plötzlich alles ganz schnell. Um dreizehn Uhr dreißig war Pascal mit seinem Kollegen hier, zwei Stunden später, nach dem Dach reparieren und einer Tasse Kaffee, waren sie schon wieder weg. Und mit meinem Bruder hatte ich jetzt auch endlich gesprochen – nicht mehr wegen des Sturmschadens, sondern wegen der offenen Rheingasrechnung, die beglichen war, und das Geld zur „Überbrückung" sei auch in Bearbeitung.

Nun hieß es beten und Jesus bitten, die Decke und die Schrägwand in Florians Zimmer zu trocknen. Ohne Versicherung war schließlich auch die Trocknungsmaschine nicht finanzierbar.

Am Samstag sägte Torben einige herabhängende Äste, die über den Zaun auf unser Grundstück ragten, ab. Den Plan, mit einem befreundeten Dachdecker unseren Schaden zu beheben, konnten wir dankend absagen. Schließlich stabilisierte Torben noch den Zaun unter den besagten Ästen.

Und die Wasserflecken? Ja, es war tatsächlich ein Wunder! Die trockneten mit der Zeit. Schimmel? Nein. Nichts. Absolut nichts.

Anfang Dezember hatten wir die nächste Orkanwarnung. Wir hatten beide sehr viel Angst. Dieses Mal wurden überall die Schulen geschlossen, doch Xaver traf uns glücklicherweise bei weitem nicht so heftig, wie Christian gewütet hat.

Rauch im Gästezimmer

Es war Montagmorgen. Florian war in der Schule und ich setzte mich im Wohnzimmer vor den Kamin, da mir etwas kalt war. Ich hielt meine Stille Zeit, las in der Bibel. Im Kamin prasselte das Feuer, da ich gerade vor kurzem Holz nachgelegt hatte. Ich schloss die Augen, dachte über das Gelesene nach. Da hörte ich plötzlich ganz deutlich eine leise Stimme: „Geh ins Gästezimmer."

Nanu? Ins Gästezimmer gehen? Warum das denn?

„Geh ins Gästezimmer", drängte die leise Stimme weiter. Also gut,.

Diesen Winter riecht es stärker nach Kamin als sonst, dachte ich, als ich hochging.

Weiter ins Dachgeschoss, Tür ins Gästezimmer öffnen – und als Erstes knallte ich die Tür wieder zu. Da war alles voller Qualm!!!

„Oh Gott", betete ich entsetzt und lief runter ins Wohnzimmer. Irgendwie musste dieser Kamin ausgemacht werden – aber wie, wie?

Ich schloss jegliche Luftzufuhr und atmete einmal tief durch. Und nun?

Betend ging ich wieder hoch, holte vor dem Öffnen der Tür tief Luft und ging ins Gästezimmer, mit einem kleinen Hocker in der Hand, den ich unter das eine Dachfenster stellte, ich stellte mich darauf und öffnete das Fenster weit. Dasselbe tat ich mit dem zweiten Fenster. Dann ging ich eilig wieder aus dem Zimmer und machte die Tür zu.

Ich dankte Gott, dass ER mich aufgefordert hat, ins Gästezimmer zu gehen. Warum hätte ich da auch sonst hochgehen sollen? Wir erwarteten keine Gäste. Außerdem dankte ich IHM für unseren zweiten Kamin in der Küche. So konnten wir immer noch günstiger heizen, wo doch Rheingas so unverschämt teuer war und obwohl ich alle Heizungen im Haus runtergedreht hatte, eine immens hohe Summe verlangt hatte, die ich nicht bezahlen konnte. Aus diesem Grund zahlte ich auch weniger – etwa halb so viel, wie sie verlangten.

Zum Jahresanfang kam dann der Schornsteinfeger. Ich hatte mich nicht getraut, ihn außer der Reihe anzurufen, weil ich mich vor dem Preis fürchtete. Der Qualm war aus dem Zimmer raus, der Geruch natürlich nicht. Aber das Zimmer stand leer, renovieren müssten wir es halt später mal.

Der Pflegevater von Florians Freund hat sich mal daran gemacht, die Ursache zu finden. Ein Nest im Schornstein? Oder sonst etwas weiter unten, noch fast beim Kamin? Doch ein Gitter oben am Schornstein schloss das Nest aus.

Wie schon erwähnt kam Anfang des Jahres der Schornsteinfeger und er stellte auch fest, dass der Schornstein sehr, sehr verschmutzt war. Wir könnten den Kamin nun wieder anmachen.

Mit gemischten Gefühlen probierte ich es nach einigen Tagen schließlich aus. Ich weiß nicht, wie oft ich an diesem Tag nach oben lief, um mich zu vergewissern, dass es wirklich nicht qualmte. Aber es war alles gut.

Ich dankte Gott, dass ER mich an jenem Morgen ins Gästezimmer geschickt hatte. Nicht auszudenken, was sonst hätte passieren können.

Torben gibt doch nicht auf

Florian verbrachte nach den Hausaufgaben sehr viel Zeit auf dem Bauernhof unserer Nachbarn. Nach und nach begann er, bei den Kühen zu helfen. Sein Interesse wuchs und sobald er Zeit hatte, war er drüben. Er fütterte mit – bis es Zeit wurde, zum Essen nach Hause zu kommen. Schon bald war er täglich da. Wurde Feldarbeit gemacht, gab es für ihn nichts Größeres, als im Trecker mitfahren zu dürfen. Wenn der Platz durch einen Freund oder Helfer von Torben oder von anderen Kindern besetzt war, war Florian todunglücklich.

So kam er Jahr für Jahr immer mehr rein, schnupperte in die Arbeit eines Landwirts hinein und war total begeistert. Das wollte er auch machen.

Oft zog er es sogar vor, auf dem Hof zu helfen anstatt mit Jens zu spielen. Doch Annegret, Torbens Mutter, sagte ihm, er solle auch mal etwas mit seinem Freund machen, was ich sehr gut fand. Dennoch, der Hof blieb an erster Stelle.

Die Sommerferien, in denen er natürlich auch viel auf dem Hof war, waren fast zu Ende, als er eines Tages sehr betroffen nach Hause kam.

„Was ist denn los?", wollte ich von ihm wissen.

„Torben hört auf", schluchzte er verzweifelt.

Oh nein! Von diesem Moment an betete ich regelmäßig für die Familie und den Hof. Auch Florian betete.

Aber er war schlagartig nicht mehr auf dem Hof. Stattdessen war er viel mit Jens nachmittags in Leck und traf andere Schulkameraden. Als der Jahrmarkt in Leck war, war das die ganz große Attraktion.

Florian war sehr zuverlässig und immer pünktlich um neunzehn Uhr zu Hause. Manchmal sah er vorher noch kurz beim Hof vorbei. Ganz ohne ging es halt doch nicht.

Die Herbstferien standen vor der Tür. Florian beobachtete oft das Treiben auf dem Hof und so wunderte er sich, warum Torben mit der Maisernte begann. Er brauchte doch den Mais nicht mehr, wenn er aufhörte.

Einige Tage nach dieser Beobachtung kam er sehr fröhlich nach Hause. Es strahlte über das ganze Gesicht.

„Torben gibt nicht auf", jubelte er.

Wir waren uns beide sicher: Jesus hat unsere Gebete erhört!

Ein „Engel", der beim Problem Rheingas half

Das Geld wurde immer knapper und Rheingas verlangte trotz mehrmaliger Zählerstanddurchgabe und mehrmaligen Darauf-aufmerksam-Machen, dass wir sämtliche Heizungen runtergestellt hatten, immer noch dieselbe Summe von über dreihundert Euro monatlich. Aber für Rheingas kein Problem. Sie hatte eine Leitung durch das ganze Dorf gelegt. Und dennoch, es war ein Ding der Unmöglichkeit in unserer Situation. Und noch dazu ungerecht. Manche Räume waren so kühl, dass es Tage gab, an denen mir überhaupt nicht mehr warm wurde.

Aus dem Telefonbuch suchte ich in unserer Nähe nach einer Gasfirma, doch es gestaltete sich als sehr schwer zu wechseln. Allerdings hatte ein Herr Thiessen mir zugesagt, wenn gar nichts mehr möglich sei, sollte ich mich gerne bei ihm melden.

Es verging einige Zeit.

Wieder gab es Post von Rheingas, eine Mahnung. Ich sollte siebenhundert Euro innerhalb von vierzehn Tagen bezahlen. Ein absolutes Ding der Unmöglichkeit. Ich war verzweifelt und klammerte mich im Gebet an Gott. Früh am Sonntag wachte ich auf und hörte ein leises Flüstern: „Rufe Herrn Thiessen an." Und plötzlich war ich, was das Thema Gas betraf, ganz ruhig. …Ich hatte ja von Herrn Thiessen das Angebot erhalten, ihn bei Bedarf anzurufen. Ich erreichte ihn aber nicht und sprach auf seine Mailbox. Ich erwartete eigentlich seinen Rückruf, doch er reagierte anders.

Und so klingelte es wieder einmal an der Haustür und wir reagierten, wie wir es inzwischen aus Angst schon ganz automatisch taten. Wir versteckten uns. Es klingelte ein zweites Mal. Warten. Nein, es kam nichts mehr.

Zögernd krochen wir aus unserem Versteck heraus – und erstarrten, als es wieder klingelte. Und dann tauchte auch noch ein

Mann am Küchenfenster auf! Aber das war doch ... Ja, das war der Mann von schräg gegenüber. Ein seltsamer Kauz. Was wollte er? Aber ... da war ja noch jemand.

Durch den Wirtschaftsraum gingen wir raus und erfuhren, dass der Herr hier zu uns wollte und als keiner geöffnet hatte, hat er sich bei diesem Nachbarn nach uns erkundigt und kam mit ihm zu uns hoch.

Der Nachbar ging wieder und mit Herrn Thiessen besprach ich kurz nochmals die Sachlage. Und wieder bekam ich zu hören, das ein Gaswechsel sehr schwer bis gar nicht möglich ist. Warum er mir dennoch seine Hilfe anbot, hat mich einerseits erleichtert, andererseits fragte ich mich, was er denn vorhatte, wenn es doch so ein Ding der Unmöglichkeit war.

„Wenn es eng wird, melden Sie sich, Frau Falk", hatte er gesagt.

Und genau das war jetzt der Fall.

Bei unserem Telefongespräch teilte er mir mit, dass er vorher in Wanderup zu tun hätte. Da er nicht wüsste, wie lange er dort brauchen würde, riefe er mich vorher an. Das kam mir sehr entgegen.

Von diesem Tag an wurde es aktiv zwischen ihm – angeblicher Schuldenberater – und Rheingas, aber über meine Adresse. Eigentlich gefiel mir sein Vorschlag, als mein Schuldenberater aufzutreten überhaupt nicht, weil es nicht der Wahrheit entsprach. Ich sollte und wollte doch Gott vertrauen. Doch dann lass ich wieder die vor mir liegende Mahnung und stimmte zu. Zeitgleich vergab ich Jesus meine Entscheidung.

Er versuchte, einen günstigeren Abschlag zu bekommen, doch Rheingas blieb hart. Also wurde ein Wechsel angedacht. Ich erfuhr, dass wir dann einen Tank bekommen würden. Herr Thiessen nannte mir eine Firma. Von Rheingas kam die Bestätigung der Kündigung zum ersten Juni. Das sei okay, sagte Herr Thiessen mir.

Somit lag es jetzt an mir, mit der neuen Firma Kontakt aufzunehmen und alles zu klären. Ich bedankte mich für seine Bemühungen, für die er keinen Cent verlangte.

Doch ganz reibungslos verlief es nicht. Erst als mein Bruder einsprang und versprach, für die Aufstellung des Tanks sowie die erste Füllung zu bezahlen – Vorauszahlung –, ging das Ganze endlich über die Bühne.

Am ersten Juni um sieben Uhr kappte Rheingas die Leitung, vier Stunden später wurde der Tank aufgestellt.

Seitdem zahle ich monatlich einen Abschlag und lasse zweimal im Jahr den Tank wieder auffüllen. Damit kommen wir bestens klar.

Hundefutterlieferantenwechsel

Nachdem wir von Sylt auf das Festland gezogen waren, suchten wir uns als Erstes die Baptistengemeinde in Husum aus. Hier waren auch Kalle und Birgitt, seitdem sie die Insel im Frühjahr, einige Monate vor uns, verlassen hatten. Es war eine nette Gemeinde und ich ging in denselben Hauskreis, in dem auch schon Kalle und Birgitt waren.

Das Problem war die Entfernung. Pro Strecke brauchte man eine Dreiviertelstunde. Als gebürtige Hamburgerin dachte ich, dass das kein Problem sei. Doch dann stellte es sich doch als schwierig heraus. Zum Gottesdienst war es okay. Aber zum Hauskreis wurde es oft knapp, denn ich brauchte ja noch jemanden, der auf Florian aufpasste. Und derjenige wollte ja auch mal nach Hause. Außerdem kam keiner mal zu uns nach Hörup – außer hin und wieder mal unsere Freunde von Sylt. Und auch für uns war ein Besuch bei jemandem aus der Gemeinde mal am Nachmittag unmöglich.

So begann ich mit der Suche nach einer Gemeinde in Flensburg und wurde schließlich in Weiche fündig. Die „Arche".

In Weiche fand ich auch einen Tierarzt und entdeckte so auch einen Barfshop. Super, dann muss ich das Fleisch für meine Hunde nicht immer nur im Internet bestellen! Da ich züchte, bekam ich von Gerd, dem Inhaber, auch Rabatt.

Mit zunehmenden Finanzproblemen ergaben sich sehr nette, intensive und vertraute Gespräche mit Gerd und er kam mir preislich sehr entgegen. Eines Tages, als ich total verzweifelt zu ihm kam, weil ich wirklich nichts bezahlen konnte, beruhigte er mich und versprach auf jeden Fall zu helfen. Er hielt bis zum heutigen Tag Wort und ich bin ihm so sehr dankbar.

Dann kam es noch dicker: Ich konnte mein Auto nicht mehr bezahlen. Keine Versicherung, keine Abgassteuer. Aus. Vorbei.

Kein Auto mehr. Und wie sollte ich nun das Futter für meine süßen Hunde kriegen? Die Kiste, die ich jedes Mal holte, war viel zu schwer, um sie in einen Bus, und besonders anschließend bis nach Hause zu schleppen. Und abgesehen davon war es auch sehr umständlich, nach Weiche zu kommen.

Ja, auch die Gottesdienste und Hauskreise fielen nun flach.

Aber genau da lernte ich Tanja kennen und wir freundeten uns an. Sie erklärte sich bereit, für mich alle sechs Wochen von Gerd das Futter zu holen und zu mir nach Hause zu fahren. Oh, ich war ihr ja so dankbar.

Anfangs war sie auch häufiger zu Besuch da. Wir erzählten uns unsere Erlebnisse und beteten füreinander.

Sie hatte wiederholt Arbeitsstellen mit Zweijahresverträgen. Somit kam immer wieder die Sorge auf, ob sie nach Ablauf dieser Zeit hier oben im Norden wieder Arbeit finden würde. Es war ein Dauergebetsanliegen. Eine Zeitlang arbeitete sie auch in Husum. Das war für sie viel Fahrerei. Ihr Pferd stand in Handewitt, sie wohnte in Großenwiehe, arbeitete in Husum und fuhr alle sechs Wochen noch dazu nach Weiche und dann zu mir. Etwas entlastet wurde sie, als sie in Flensburg Arbeit fand. Doch immer lag diese Befürchtung in der Luft: Was, wenn Tanja umzog? Was, wenn sie eines Tages sagte, sie mache es nicht mehr?

Es war ein Dauergebet von mir im Stillen. Ich spürte sehr deutlich, dass das gegenseitige Vertrauen nachließ. Ich erzählte ihr schon längst nicht mehr alles, was uns so widerfuhr. Würde sie es überhaupt noch nachvollziehen können, dass ich Gottes Wort vom Hörenden Gebet damals auf Sylt unbedingt Gehorsam schenken wollte? Also erzählte ich ihr nur wenig. Da kam es nur gelegen, dass sie keine Zeit mehr hatte, noch zu bleiben, wenn sie das Hundefutter brachte. Zunehmend wurde es mir auch unangenehm, ihr Bescheid sagen zu müssen, dass wir wieder Futter brauchten.

Und dann kam das, was ich befürchtet hatte. In knapp einem Jahr würde sie umziehen. Ich bemühte mich, ruhig zu bleiben, schickte aber schon ein Stoßgebet in den Himmel. Und das wurde dann zum Dauergebet.

Eines Tages, Tanja hatte mal für etwa eine Stunde Zeit, saßen wir am Küchentisch und sie erzählte, dass sie eine Wohnung gefunden habe und im Juli umziehe. Bis Juni könne sie mir noch das Futter bringen, dann sei Schluss.

Im Juni ist Schluss. Im Juni ist Schluss. Im Juni …

Ich war verzweifelt und betete um einen neuen „Hundefutterlieferanten".

Ich fragte hier und ich fragte da. Mehr kannte ich nicht.

Sigrid, eine Freundin, schlug mir noch jemanden vor, doch ob ich ihn fragen konnte?

Ich betete weiter und fragte schließlich Klaus Petersen, einen aus der Gemeinde im Südergraben, und erzählte ihm natürlich von unserer Situation. Und er sagte: „Ja, das kann ich machen."

Ja! Er hatte tatsächlich ja gesagt? Oh danke, Jesus, danke, danke, danke!

Und so bedankte ich mich schon früher bei Tanja dafür, dass sie uns jahrelang so treu das „Hufu" gebracht hatte, doch ich hätte jemanden, der es von nun an macht.

Kleidung für Florian

Ein Blick auf mein Konto ließ mich nicht gerade hoffnungsvoll in die Zukunft blicken. Diverse Rechnungen konnten nicht mehr bezahlt werden. Sorgenvoll fragte ich mich, wie das weitergehen sollte. Da passte mir die Klassenreise von Florian eigentlich überhaupt nicht, denn zu dem Zeitpunkt lief zwar noch alles, aber die Probleme waren absehbar. Und ich fragte mich, wie ich all die Kleidung bezahlen sollte, die Florian nicht nur für die Klassenfahrt brauchte.

Es gab Gespräche mit der Lehrerin Frau Petersen und sie brachte doch tatsächlich eine Tüte voller Kleidung mit in die Schule, die Kinder aus ihrer Familie getragen hatten. Es waren tatsächlich Kleidungsstücke dabei, die Florian passten. Außerdem durften wir in der Schulboutique einiges für Florian aussuchen und brauchten es nicht zu bezahlen.

Im September 2013 konnte ich die Versicherung sowie die Haftpflicht für das Auto nichtmehr bezahlen und so wurde das Nummernschild abgeholt. Da stand ich nun mitten auf dem Land und ohne Auto. Das bedeutete, Einkäufe nach Hause zu schleppen. Nach anfänglichen Schwierigkeiten hatte ich dank Annelie etwa alle vier bis sechs Wochen die Gelegenheit, mit ihr zum Einkaufen zu fahren und so die schweren Einkäufe zu tätigen.

Es blieb jedoch die Frage, wie ich für Florian die nötige Kleidung bekam, vor allem, als der Winter vor der Tür stand. Da kam überraschend Alexia, die Mutter von Jannik, einem Jungen, mit dem Florian hin und wieder spielte, und brachte einen ganzen Müllsack abgelegter Kleidung, die Kindern aus ihrer Familie nichtmehr passten und die sie mir nun weitergab. Ein Großteil davon passte sogar!

Auch Annelie, mit der ich regelmäßig zum Einkaufen fuhr, überraschte uns mit einem Sack voller Kleidung. Zu Florians

Freude befand sich darin auch eine kurze Arbeitshose mit Latz, denn er war auch da schon sehr viel und begeistert auf dem Bauernhof und half dort regelmäßig aus.

Nach dem ersten Schultag am Ende der Sommerferien fuhr Annegret mit Florian nach Flensburg, um mit ihm Kleidung und Schuhe einzukaufen.

So schwer diese Zeit auch war, ich fühlte mich von Gott getragen. ER war spürbar bei uns.

Wie ich wieder eine Gemeinde fand

Nach unserem Umzug nach Hörup war es mir sehr wichtig, so bald wie möglich eine Gemeinde zu finden, in der wir uns angenommen fühlten. Was lag da näher, als in die Gemeinde zu gehen, in der Kalle und Birgitt inzwischen angekommen waren, die nur wenige Monate vor uns von der Insel runtergezogen waren. Diese Gemeinde war in Husum. Die Baptistengemeinde.

Ich ging auch sehr bald in denselben Hauskreis, in dem auch unsere Freunde von Sylt schon waren.

So weit war alles gut. Doch ich merkte schnell, dass sich wenig Kontakt entwickelte, was echte Freundschaften betraf, und dass man sich auch mal nachmittags traf. Die Anfahrt von etwa einer Dreiviertelstunde machte sich hier bemerkbar und war der Grund dafür, dass ich schließlich damit anfing, in Flensburg nach einer Gemeinde zu suchen.

Wie schon erwähnt, entdeckte ich einen Tierarzt in Weiche und kam so auch zur Arche. Hier lernte ich Tanja kennen und fand einen Hauskreis, der meistens in Großenwiehe, manchmal aber auch in Wallsbüll war. Beides war sehr gut erreichbar. Und auch die Kinderarbeit war in der Arche super

Dennoch, irgendetwas fehlte mir. Die Sylter Hauskreise fanden zwar auch schon länger nicht mehr in dem Gemeindegebäude statt. Trotzdem war es dort irgendwie ... lebendiger gewesen. Ich empfand es so, dass in dieser Gemeinde der Heilige Geist fehlte und das vermisste ich sehr. Ich hatte mich zwar mit Tanja angefreundet und wir trafen uns auch ab und zu zum Gebet, aber das war auch schon alles an Freundschaften.

Es fiel mir schwer, von dem Hörenden Gebet zu erzählen, das ich bei meinem letzten Hauskreis auf Sylt erhalten hatte, denn ich glaubte fest an die Verheißungen. An die Gebenlehrzeit und all die anderen Zusagen. Ich wusste aber nicht, wie ich das erzählen sollte. Auch nicht gegenüber dem Pastor, der einmal bei uns zu Hause war, als Florian auf seiner Klassenfahrt war. Es kostete mich zwar einige Überwindung aber bei dieser Gelegenheit erzählte ich ihm davon. Und auch von den anfänglichen Schwierigkeiten. Dazu sagte er jedoch nur: „Stein kann man nicht essen." Und er meinte damit das Haus.

Bitte, dachte ich, wo ist dein Glaube? Du bist Pastor.

Das war das Ende unserer Zeit in der Arche. Und als dann gut ein Jahr später auch das Auto und somit die Mobilität wegfiel, war die Chance, eine Gemeinde zu finden, sehr stark gesunken.

Das hieß aber nicht, dass meine Beziehung zu Gott darunter litt. Im Gegenteil. Ich hörte Vorträge von Joyce Meyer und las ihre Bücher. Überhaupt verschlang ich sehr viele Bücher, die meinen Glauben vertieften. Zuletzt ganz besonders begeistert und wirklich weitergebracht hat mich das Buch „Broken Bread" von Franz und Andrea Lermer. Darin las ich immer wieder einige Passagen.

Dennoch fehlte der Kontakt zu anderen Christen.

Endlich konnte ich im November wieder an der Herbsttagung in Breklum teilnehmen. Auch hier wirkte Gott wunderbar, denn über Umwege nahm ich Kontakt zu Ilse auf, die auch mal in den Sylter Hauskreisen war, inzwischen aber wieder in Breklum wohnte. Ich hatte sie eigentlich nur fragen wollen, ob sie mich vom Bahnhof abholen und in die Pension fahren könnte, da bot sie mir ein Zimmer bei sich an. Und sie wohnte auch noch viel näher am Veranstaltungsort. Als ich nach dieser Überraschung meine Sprache wiedergefunden hatte, nahm ich ihr Angebot gerne an.

Es war wie immer ein sehr intensives Wochenende.

Es gab aber auch Ankündigungen, zum einen für den Männertag im Februar in Hohenlockstedt und zum anderen, genau einen Monat später für den Frauentag, ebenfalls in Hohenlockstedt. Da wollte ich hin. Vielleicht könnte das ja mit der Bahn klappen?

Schnell stellte ich fest: Mit der Bahn würde es nichts werden, wo am Samstag der Bus nur alle zwei Stunden fährt. Und wie sollte ich von Itzehoe nach Hohenlockstedt kommen? Also das

Ganze fallen lassen? Nein, das wollte ich auf keinen Fall und so begann ich zu beten.

Da es an dem Breklumwochenende noch keine Flyer für die Frauentagung gab, hatte Petra mir versprochen, mir den Flyer zuzuschicken, sobald dieser raus war. Doch nun war schon die Männertagung und ich hatte den Flyer immer noch nicht. Aber wie rankommen?

Da kam das GGE-Magazin – Geistliche Gemeinde Erneuerung- und darin lag ein Flyer mit Terminen von der GGE-Nord und der Verbindung zu der Person, die die Anmeldungen annahm.

Dort rief ich an und erklärte ihr meine Situation. Ich wolle sehr gerne zu dem Frauentag, doch ich brauche eine Mitfahrgelegenheit. Sie notierte meine Adresse und wollte sich wieder melden.

Einige Tage später rief sie mich zurück und gab mir drei Adressen und Telefonnummern durch. „Wenn sich da nichts ergeben sollte, rufen Sie einfach nochmal an", sagte sie.

Alle Adressen waren aus der Umgebung von Flensburg. Bei der ersten meldete sich niemand, bei der zweiten war die Nummer nicht vergeben, doch bei der dritten hatte ich Erfolg. Doch Frau Bergmann hatte schon mit einer Freundin abgemacht, gemeinsam zu fahren und sie wollte erst mal mit ihr darüber sprechen. Dann würde sie sich wieder melden.

Das tat sie gleich am folgenden Tag. Ja, ich könnte mitfahren! Und so meldete ich mich an!

Es wurde ein wunderschöner Tag. Zum einen direkt dort bei der Tagung, zum anderen aber auch noch viel tiefgehender.

Schon in Schafflund waren Rike Bergmann und ich per Du. Und sie erzählte von einer Familie mit sechs Kindern, die in Schafflund lebten und in ihre Gemeinde ging.

„Die kenne ich", rief ich aus.

Wie viele Christen mit sechs Kindern lebten wohl in Schafflund?

Als Rike dann noch sagte, wie die Mutter hieß, Melly, war es ganz klar. Für kurze Zeit war ich zusammen mit Melly im selben Hauskreis in Großenwiehe gewesen.

„Wenn wir nachher zurück sind, fahren wir noch schnell zur Gemeinde. Vielleicht ist im Gemeindeblatt die Telefonnummer von Melly. Sie leitet nämlich einen Hauskreis", schlug Rike vor.

Wir fuhren tatsächlich noch zum Südergraben. Dort war die Gemeinde. Rike suchte für mich einige Unterlagen zusammen, die ich über die Gemeinde lesen könnte. Da im Gemeindeblatt aber nicht die Telefonnummer von Melly stand, ging Rike kurzerhand mit mir hoch zu der Wohnung des Predigers. Von ihm bekam ich die Telefonnummer und schließlich waren wir wieder im Auto und Rike fuhr mich nach Hause.

„Vielleicht sehen wir uns morgen ja schon wieder", meinte sie, „ruf doch einfach noch gleich bei Melly an. Vielleicht kann sie dich ja morgen mitnehmen."

Ich versuchte es tatsächlich noch, obwohl es schon nach zwanzig Uhr war. Es ging aber niemand mehr ran.

Am folgenden Morgen war ich rechtzeitig wach. Wenn ich doch schon wach war, konnte ich mich auch schon fertig machen und sehen, ob Melly jetzt schon ans Telefon ging.

Sie tat es. Und sie wusste noch, wer ich war! Ja, sie würde mich mitnehmen. Sie müsse aber schon um kurz nach neun los, da zwei ihrer Töchter noch Probe hätten. Und anschließend müsse sie allerdings auch sofort wieder weg, wegen zwei ihrer Jungs, die ein Fußballturnier hatten. Obwohl Brunch war.

Ich sagte zu und rief Rike an, während ich ein schnelles Frühstück machte. Es wäre doch super, zum Brunch bleiben zu können, ich würde dann ja gleich noch einige weitere aus der Gemeinde kennenlernen. Sie würde mich nach Hause fahren.

Super!

Ich schrieb Florian eine Nachricht und verließ das Haus.

Was soll ich sagen? Es tat so gut, wieder unter Christen zu sein. Und was besonders schön war: Auch Florian fühlte sich hier wohl. Er hörte interessiert den Predigten zu. Entweder nahmen uns Melly oder das Ehepaar Platt aus Meyn mit. Und hin und wieder fuhr auch ein Zahnarztehepaar aus Leck zu dieser Gemeinde. Da sie sogar an unserem Dorf vorbeifuhren, bot es sich an, das sie uns dann auch mitnahmen. (Fortsetzung folgt)

Ungerechte Geschichte um ein demoliertes Fahrrad

Florians Freund Jens war ein begeisterter Angler. So zog er manchmal mit gleichaltrigen Jungen zur Au, um zu angeln. Florian war ein, zwei Mal dabei. Einmal wollte Jens wieder mit einigen anderen angeln gehen. Die Nachbarn von Jens' Pflegeeltern hatten am Ende ihres Grundstückes einen Zaun gebaut, so dass der Weg zur Au versperrt war. Kurzerhand zerstörten einige der Jugendlichen den Zaun und begaben sich vergnügt ans Angeln.

Natürlich blieb das nicht ohne Folgen und da die Nachbarn Jens natürlich kannten und auch mit den anderen zusammen gesehen hatten, wendeten sie sich an die Eltern.

Irgendwie kam heraus, dass Florian von einem der Jugendlichen die Handynummer hatte, die Jens' Mutter von ihm verlangte. Zuerst wollte Florian die Nummer nicht rausrücken, erst als die Mutter mit Spielverbot mit Jens drohte, gab er sie ihr.

Es zogen mehrere Monate ins Land. Dann, an einem Januartag vor der Schule, als Florian aus dem Bus stieg, stand da einer der Jugendlichen mit einem Kumpel, der sich jedoch zurückhielt, vor Florian und ging auf ihn los. Dank der dicken Winterkleidung war nichts passiert, aber Florian hatte fortan sehr große Angst, vor allem, wenn er diesen Jugendlichen, der auch etwas älter als er war, sah.

Natürlich betete ich mit Florian und mit der Zeit normalisierte sich die Lage wieder.

Jahre später kam Florian mit dem Kumpel des Jugendlichen, der damals dabei war inzwischen recht gut klar, wenn sich auch keine Freundschaft entwickelte. Und derjenige, der damals auf ihn losging, hat sich bei ihm entschuldigt. Leider hörte man aber sowohl von ihm als auch von einigen seiner Freunde immer wieder etwas Kriminelles, dass sie angestellt hatten.

Es kam eine Zeit, in der Florian oft nach den Hausaufgaben wieder nach Leck zum „Haus der Jugend" fuhr, oft auch zusammen mit Jens. Hin und wieder fuhren sie auch am Wochenende hin und chillten mit anderen Jugendlichen auf dem Schulhof. Florian erzählte mir auch von einem Jungen, der vor einigen Wochen von der Schule geflogen war und das er denjenigen kenne, der die Lehrer auf das Fehlverhalten des Schülers hingewiesen hatte.

Es war der Samstag vor Pfingsten. Die Zeit, in der mir sogar die Post Angst machte. Welche Hiobsbotschaften mochten heute wohl wieder im Briefkasten darauf warten, neuen Druck in mein Leben zu bringen? Heute betraf es nicht direkt mich, also keine Neuigkeiten über Zahlungen, die fällig waren, und solche Dinge. Doch in gewisser Weise betraf es mich doch. Es ging um Florian. Er hatte eine Ladung zur Polizei! Wie bitte? Das konnte ja wohl nicht sein!

Zitternd vor Wut rief ich Florian, der auf dem Bauernhof nebenan war und dort mithalf, auf seinem Handy an und forderte ihn auf, sofort nach Hause zu kommen.

Als er kam, hielt ich ihm den Brief hin, erklärte kurz den Inhalt und fragte: „Was soll das?"

Er fing sofort an zu weinen. Er habe nicht mitgemacht. Er sei weggegangen.

„Was ist denn passiert?", wollte ich wissen.

Und dann erzählte er immer noch unter Tränen.

Er hatte mit Jens und anderen Jugendlichen auf dem Schulhof gechillt, als einer der Jungens plötzlich aufstand und sagte: „Ich habe noch eine Rechnung zu begleichen" und verschwand. Als er nach einiger Zeit immer noch nicht wiederkam, sahen sie alle nach, wo er blieb. Sie gingen um die Ecke und kamen zu dem Fahrradstand. Und da war er und machte sich an einem Fahrrad zu schaffen. Er trat in die Felgen und vieles mehr. Jens und noch ein weiterer Junge machten sich auch über das Rad her. Florian ging zurück, wo sie vorher waren. Auf meine Frage, wem das Fahrrad gehörte, antwortete Florian mir, dass es demjenigen gehörte, der den Lehrern von dem Fehlverhalten erzählt hatte.

Eines Mittags, erzählte Florian mir, dass er sich einem vermeintlichen Freund anvertraut hatte, doch dieser muss geredet haben, denn nun hatte der Besitzer des demolierten Rades ihn gefragt, was er über die Zerstörung des Rades wusste. Da jedoch auch der Jugendliche dabei war, der ihm vor einigen Jahren an die Gurgel gegangen war, hatte er verständlicherweise Angst, diese Frage zu beantworten.

Ich bat Florian um den Namen des Jungen und versuchte nun das ganze Wochenende über, die Mutter zu erreichen. Ohne Erfolg. Das Pfingstwochenende war gelaufen, ich weinte sehr viel, das Beten fiel mir schwer. Ja, ich machte einen über zwei Stunden langen Marsch nach Nordhackstedt und zurück – ohne Hunde, weil ich einfach zu wütend war. Immerhin hatte auch Jens eine Ladung zur Polizei erhalten.

Nach allem, was ich in den letzten Jahren erlebt hatte, hatte ich eine Riesenangst, dass mir Florian weggenommen werden würde, denn auch das Jugendamt war natürlich zugegen.

Endlich, am Dienstagmorgen nach dem schrecklichen Pfingstwochenende, erreichte ich die Mutter und erklärte ihr alles, was Florian mir erzählt hatte. Dass er sich entfernt hatte, als er sah, was da vor sich ging, dass er ihrem Sohn nicht den Namen des Jugendlichen nennen wollte, weil er selbst vor einigen Jahren von ihm angegriffen worden war und Angst vor ihm hatte. Ich bat sie, die Anzeige zurückzuziehen und sie versprach es.

Es verging über ein Jahr. Längst wähnte ich uns in Sicherheit, da kam eine Ladung zum Gericht!

Das saß tief! Nun musste unser langjährig Bekannter, ein auch mal zur Familie gehört habender Anwalt eingeschaltet werden. Er nahm sich der Sache an, sprach mit der Richterin. Ich müsste nicht zu dem Termin, aber Florian schon. Er selbst hatte da schon einen anderen Termin. Und durch die Blume gab er mir zu verstehen, dass er Florian nicht glaubte.

Florian hatte große Angst vor dem Termin in Niebüll. Ich bat mehrere christliche Freunde um Gebet, sogar in Albanien wurde für uns gebetet. Pascal fragte Florian, ob er mit ihm zum Termin kommen solle und Florian nahm erleichtert den Vorschlag seines Bruders an.

Pascal kam etwa zwei Stunden vor Termin bei uns an und machte sich schließlich gemeinsam mit Florian auf den Weg zum Bus und nach Niebüll. Und ich startete mit dem Gebet. Ich hatte Lobpreis an und sang selbst laut mit, denn ich wusste, Lobpreis ist unsere stärkste Waffe, und wusste um die christlichen Freunde, die ebenfalls beteten.

Irgendwann wurde ich etwas nervös, weil es sich sehr in die Länge zog. Auch eine Freundin, die ich aus der Gemeinde im Südergraben kannte und die auch mitbetete, rief bereits an, da sie gerade in Niebüll war, und wollte wissen, ob die Verhandlung schon vorbei und Florian noch in Niebüll sei, dann würde sie ihn mitnehmen. Ich musste ihr leider sagen, dass ich nichts gehört hatte die beiden Jungen – auch Pascal, was sie ja noch nicht wusste – noch im Gericht waren.

Ich betete weiter, ließ ein Lobpreislied auf mich wirken – da klingelte mein Handy. Pascal. „Florian ist raus", sagte er.

Frei! Die Wahrheit hatte gesiegt. Gepriesen sei Gott!

Als die beiden wieder zu Hause waren, erfuhr ich, das gleich mehrere Jungen Florian entlastet hatten. Einer von ihnen war Jens.

Heiße Asche

Wie jeden Wintermorgen holte ich die Asche vom Vortag aus dem Kamin und tat diesen in den extra für diesen Zweck neben dem Kamin stehenden Eimer. Dann bereitete ich alles für das Feuer vor und machte es an. Anschließend begann ich mit der Stillen Zeit. Wie immer. Danach weckte ich Florian auf, wir frühstückten gemeinsam und er ging zum Hof zur Arbeit.

Irgendwie riecht es heute mehr nach Kamin, dachte ich zwischendurch mal.

Der Tag nahm seinen Lauf. Mittagessen. Mit den Hunden laufen.

Es riecht mehr nach Kamin, dachte ich wieder, als ich ins Wohnzimmer kam, und es ist auch wärmer.

Abendessen. Danach wollten Florian und ich uns zusammen an den Kamin setzen und beten. Er war nochmal kurz auf Toilette.

„Kuck nach dem Ascheeimer", vernahm ich eine Stimme.

Nanu? Warum das?

„Geh und kuck nach dem Ascheeimer", sagte die Stimme wieder.

Ich ging hin, hob den Plastikascheeimer hoch und ... Asche, die teilweise glühte, verteilte sich auf dem Boden und etwas fiel auch auf die Armlehne des Sofas. Der Schreck saß tief. Ich rief nach Florian.

Mit einem Schlag war mir klar, woher der Geruch stammte und warum es hier wärmer war! Die Asche hatte den ganzen Tag in dem Eimer vor sich hin geglüht.

Die nächsten etwa eineinhalb Stunden funktionierten wir nur irgendwie. Die Hunde waren in der Küche und wir brachten Schaufel um Schaufel, Eimer um Eimer von dieser Asche erst mal raus. Dann wurde gefegt. Und wieder Asche rausgebracht.

Schließlich waren wir fertig und standen einfach nur da und sahen uns den Boden mit seinen Brandflecken sowie die Sofalehne mit dem Brandloch an. Das nicht mehr passiert war! Noch nachträglich wurde uns ganz anders, als uns klar wurde, was alles hätte passieren können. Voller Dankbarkeit wendeten wir uns an Gott.

Hätte ich diese Stimme nicht gehört oder wäre nicht darauf eingegangen, hätte es in dieser Nacht hier wohl ein Feuer gegeben.

Wieder mal hat Jesus Bewahrung geschenkt. Danke, gepriesen sei Gott.

Probleme mit der Post und Wasserschaden

Immer wieder fiel es auf, dass die Post entweder sehr spät kam oder überhaupt nicht, was noch viel schlimmer war. Betraf das wichtige Rechnungen, konnte das zu ganz schönen Problemen führen, und die hatten wir nun wirklich schon genug.

Ein Brief, der sogar mehrere Jahre nacheinander ausblieb, war die Zählerkarte von unserem Wasseranbieter. Die Folge war, dass wir geschätzt wurden. Doch die Höhe der Rechnung war so weit okay, das konnte ich gut bezahlen und so ließ ich es einfach dabei. Das war sicher nicht richtig, aber ich hatte Angst, dass die Rechnung sonst zu hoch ausfallen könnte. Doch dann kam es ganz heftig

Eines Morgens machte Florian sich auf den Weg zum Hof. Er hatte seine Arbeitsschuhe im Heizungsraum neben der Garage, doch anstatt dort reinzugehen, kam er eilig wieder zurück und sagte aufgeregt: „Da läuft ganz viel Wasser aus dem Heizungsraum."

Oh nein!

Ein kurzer Blick nach draußen reichte aus. Wenn ich dafür auch kein Geld hatte, da musste der Fachmann kommen! Ich rief unsere Heizungs- und Sanitärfirma an.

Und so nahm das Ganze seinen Lauf. Ein Mitarbeiter kam, sah die Bescherung, zu zweit suchten sie den Schaden. Es war kein direkter Rohrbruch, der Verschluss hielt nicht mehr und so lief da das ganze Wasser raus.

Natürlich wurde ich nach der Versicherung gefragt, doch die hatte ich schon lange nicht mehr. Die Firma beschloss, dennoch zu helfen und ich durfte die Rechnung über fünfhundert Euro mit Zwanzig-Euro-Raten abbezahlen, nachdem die durch war, die ich zu der Zeit abbezahlte. Da der Schaden im Heizungsraum war, war ein Trocknen glücklicherweise nicht nötig. Doch der Wasseranbieter hätte informiert werden müssen. Doch der würde sofort das ganze Geld sehen wollen und das konnte ich nicht. So kam mir das Nichterscheinen der Zählerkarte auf einmal ganz gelegen. Ich wusste, irgendwann musste ich es gestehen und auch zahlen. Aber noch ging das nicht.

Dann kam etwa im März ein Brief von dem Wasseranbieter. Innerhalb von vierzehn Tagen sollte ich den Wasserzählerstand durchgeben. Ich war verzweifelt, betete, schrieb an den Wasseranbieter. Darin nannte ich gezwungenermaßen den Zählerstand und erzählte von meiner finanziellen Lage sowie von der Post, die so oft nicht alles bringt.

Etwa vierzehn Tage später brach das Unheil herein. Ich sollte über zweitausend Euro zahlen! Ja, woher sollte ich DAS nehmen?

Verzweifelt schrie ich zu Gott, bat auch mehrere christliche Freunde mitzubeten. Dann kam mir eine Idee. Mein Rechtsanwalt hatte ein Konto, von dem aus einige Zahlungen an die Gläubiger getätigt wurden. Von diesem Konto aus musste er an den Wasseranbieter zahlen. Am Montag rief ich in der Kanzlei an, sprach mit dem Anwalt. Ich sollte ihm die Rechnung zusenden und er würde es dann überweisen.

Mir fiel ein Stein vom Herzen. Umso entsetzter war ich, als nach ein paar Wochen plötzlich eine Mahnung im Briefkasten lag. Mein Anwalt hatte es vergessen, doch jetzt würde er es sofort in die Wege leiten, versprach er mir, als ich ihn daraufhin anrief.

Doch wenn ich gedacht hatte, damit sei das Ganze erledigt, sollte ich einen weiteren erschreckenden Brief von diesem Wasseranbieter erhalten. Nun sollte ich monatlich über zweihundert Euro zahlen. Als ob wir soviel Wasser verbrauchten! Konnten die denn nicht lesen? Ich hatte denen doch geschrieben, dass es ein Wasserschaden war.

Ich konnte schreiben, was ich wollte, sie wollten diese zweihundert Euro. Zumindest einmal, so stellte sich nach einem Gespräch meines Rechtsanwaltes mit dem Wasserverband heraus. So bezahlte die Kanzlei es nochmal von dem Konto bei ihr.

Nun war endlich wieder Ruhe. Die Abschläge konnte ich nun wieder bezahlen. Dennoch war ich darauf bedacht, mit Wasser sehr sparsam umzugehen.

Das Heizungswunder

Es wurde Herbst im Jahr 2017. Wie jedes Jahr machte ich mir Sorgen wegen der eventuellen Kälte. Würden wir genug Brennholz bekommen? Konnte ich das bezahlen? Seit wir den Gastank hatten, war etwas Entspannung da reingekommen. Dennoch blieb die Sorge. Es konnte ja ein starker Winter werden. Und nicht alle Heizungen funktionierten bzw. ich ließ einige auch auf Sparflamme laufen.

Doch in der Küche hätte ich schon gerne etwas die Heizung angehabt, doch die letzten Jahre war diese Heizung eiskalt.

Als ich diese jetzt probehalber aufdrehte, rechnete ich überhaupt nicht mit Wärme. Als ich sie jedoch nach einiger Zeit anfasste, war sie warm! Sie war tatsächlich warm.

Oh, danke, Jesus!

Neue Schritte wagen in Breklum (2017)

Einige Wochen vor der Breklumtagung hatte ich Petra angerufen und nochmal nachgefragt, ob ich am Sonntag nach dem Gottesdienst bei ihr und Wolfgang beim Segnungsgebet dabei sein könnte, denn ich wollte mich darin üben, für andere zu beten und zwar nicht nur zu Hause auf dem Sofa. Sie meinte, ich solle sie während der Tagung nochmal darauf ansprechen. Am Samstagabend machten wir dann aus, dass ich mit ihnen gemeinsam bete. Das Abendmahl müsste ich dann mit den Mitarbeitern vor den anderen einnehmen.

Die Zeit schritt voran und meine Nervosität wuchs. Würde ich wissen, was ich beten sollte? Würde ich Jesu Stimme vernehmen und das richtige Beten?

Meine Bedenken waren absolut sinnlos. Es fühlte sich seltsam an, das Abendmahl einzunehmen, während alle anderen noch auf ihren Plätzen waren. Anschließend folgte ich Wolfgang und Petra an ihren Platz fürs Gebet und wir warteten auf den ersten, der von uns Gebet und Segen empfangen wollte.

Ich musste mich darauf konzentrieren, was die jeweiligen Anliegen waren und tatsächlich hatte ich immer etwas für die jeweilige Person empfangen, was für sie ermutigend war. Einmal nahm Wolfgang meine Hand und legte sie der Frau auf die Schulter.

Alles lief gut, es machte mir richtig Spaß. Nur einmal wusste ich nichts zu sagen.

Dann entdeckte ich in der Reihe der Wartenden eine Frau. Ich kannte sie aus unserer gemeinsamen Zeit in der Arche Flensburg und ich war damals in ihrem Hauskreis. Will sie zu uns?, schoss es mir durch den Kopf.

Doch ich musste mich weiter konzentrieren.

Und dann stand sie bei uns.

Ja, zum Teil kannte ich ihre Geschichte. Unter anderem auch den Schlaganfall ihres Mannes. Wir beteten für sie und ihre Familie. Anschließend meinte Wolfgang: „Janina ist eine ausdauernde Beterin. Wenn du in fünf Jahren zu ihr kommst und sagst ‚Alles gut', dann kannst du sicher sein, dass sie gebetet hat."

Wow, was für ein Lob aus Wolfgangs Mund.

Aber das war es nicht, was mich aus dem Saal und rüber zum letzten Mittagessen geradezu schweben ließ. Nein. Das war ein sehr hohes Glücksgefühl, etwas geschafft zu haben, was ich schon lange auf dem Herzen gehabt hatte: auch öffentlich für andere zu beten.

Erbrechen und vierzig Fieber

Es war Freitagnachmittag. Ich hatte die übliche Runde mit den Hunden hinter mir. Alle schienen gesund und munter. Das Wochenende konnte kommen …

Doch dann erbrach Sunny sich plötzlich. Einmal muss ja nicht gleich was bedeuten, dachte ich und entfernte die Bescherung.

Doch dann erbrach sie sich wieder und wieder und immer wieder.

Nein, das war alles andere als normal.

Ich maß Sunnys Temperatur – vierzig Grad. Eindeutig Fieber!

Ein Blick auf die Uhr brachte nichts Gutes. Es war fast achtzehn Uhr. Wenn ich jetzt ein Auto hätte, hätte ich beim Tierarzt anrufen und hinfahren können. Doch so musste ich erst mal jemanden finden, der mich mit Sunny, die noch dazu immer wieder erbrach, zum Tierarzt bringen würde. Aber dann würde kein Tierarzt mehr in der Praxis sein.

Verzweifelt begann ich einen Telefonmarathon. Doch entweder erreichte ich niemanden, sie konnten nicht oder der Ehepartner war mit dem Auto weg.

Während ich weiter verzweifelt telefonierte, erbrach Sunny weiter. Ich kam fast um vor Sorge.

Dann erreichte ich Alexia. Doch ihr Mann hatte das Auto. Vor acht würde er wohl nicht zurück sein. Ich wollte erst mal die Tierärztin über die Notfallnummer anrufen und wenn ich etwas wüsste, würde ich mich wieder melden.

Die Tierärztin hatte auswärts einen Termin und …

Die Leitung war weg.

Ich rief wieder an. „Mein Akku ist fast leer", sagte die Ärztin.

Ich sagte ihr, ich könne wohl gegen zwanzig Uhr gefahren werden.

„Ich … ob ich … bis dahin …"

Verdammt! Was war denn jetzt?

Wieder rief ich sie an. Sie schien mir inzwischen gereizt und ich wurde immer verzweifelter.

„… nicht vor halb neun …"

Mehr konnte ich nicht erfahren.

Konnte ich es Alexia zumuten, am Freitagabend extra nach Leck zu fahren und dann möglicherweise keine Ärztin antreffen? Nein.

Ich sank auf den Küchenboden, weinte und schrie zu Gott. Wie immer, wenn das geschah, waren sofort alle Hunde da und Malaika leckte mir tröstend die Tränen weg. Doch es flossen immer wieder neue nach.

Ich weiß nicht, wie lange ich so da saß. Doch schließlich bemühte ich mich, wieder auf die Beine zu kommen. Wo war Sunny? Hatte sie noch mehr erbrochen?

Ich fand nichts mehr. Und sie schien mir auch ruhiger.

Florian kam von seiner Arbeit nach Hause und wir aßen zu Abend. Dabei erzählte ich Florian von Sunny. Sie wurde ganz genau von uns beobachtet. Sie hatte sich ruhig auf eine Decke gelegt.

Schließlich maß ich nochmal ihre Temperatur. Neununddreißig Komma fünf!

Die Temperatur sank?

Wir beobachteten Sunny aufs Genauste. Und bevor wir schließlich ins Bett gingen, maß ich nochmals ihre Temperatur. Sie sank weiter. Und am folgenden Morgen hatte sie wieder ihre normale Temperatur.

Wir dankten Gott für dieses Wunder.

Der einzige Wermutstropfen: Als ich zwei, drei Monate später mit einem anderen Hund bei der Tierärztin war, berechnete sie mir eine zusätzliche Behandlung. Sie war an jenem Abend eine halbe Stunde in der Praxis gewesen und hatte gewartet. Es tat mir ganz schön leid um dieses Geld, wo wir doch so knapp waren und ich musste mich bemühen, dieser Ärztin gegenüber nicht böse zu sein, sondern Verständnis für sie aufzubringen. Auch dabei stand Gott mir helfend zur Seite.

Winterstiefel – ein Geschenk Gottes

Es war Winter und ich war mit den Hunden auf einem wunderschönen Spaziergang – bis meine rechte Ferse zu schmerzen begann. Jeder Schritt tat weh und der schöne Spaziergang wurde mühselig.

Meine Gedanken überschlugen sich. Der Winter hatte doch gerade erst angefangen, wie sollte das zu schaffen sein, ohne Geld für neue Winterstiefel?

Als wir zu Hause waren und ich die Schuhe auszog, sah ich die Bescherung: meine Ferse blutete. Na super.

Fürs Erste hatte ich Glück, der Schnee schmolz.

Eines Tages fand ich in der Post auch einen Brief von Marina. Sie hatte nicht nur sehr nett geschrieben, es lagen auch fünfzig Euro darin.

Es war Februar und der Winterschlussverkauf begann. In einem Schuhladen in Leck entdeckte ich schöne Winterstiefel, die auch noch passten. Gut zwanzig Euro konnte ich gut dazulegen und so hatte ich nun so richtig schöne, warme Winterstiefel mit einer sehr guten Sohle.

Als dann tatsächlich der Winter ausbrach, freute ich mich jedes Mal, wenn ich die Schuhe anzog und genoss ganz besonders die Spaziergänge mit unseren Hunden. Jedes Mal dachte ich dankbar an Marinas Brief mit den fünfzig Euro.

„Du sollst das Haus nicht verkaufen"

Bevor wir in unser Haus in Hörup zogen, wurde bei meinem letzten Hauskreis auf Sylt Hörendes Gebet für mich gemacht. Es gab sehr ermutigende, aber auch herausfordernde Eindrücke. Ein Ehepaar aus der Schweiz war da und wir kannten uns überhaupt nicht. Und doch hatte der Ehemann folgenden Eindruck: „Zirkustricks mit Hunden in einer kleinen Gruppe zur Freude von vielen." Und es gab den Eindruck von Wolfgang: „Nach deiner Gebenlehrzeit wirst du an Projekten teilnehmen und selbst ein Projekt ins Leben rufen."

Es folgte der Umzug und wir fühlten uns sehr wohl. Es gab auch endlich mal Erfolge in der Zucht mit den Shelties. Wenn es auch leider nur Rüden waren, die überlebten, Sunnys Tochter schaffte es leider nicht.

Mit der Zeit deutete sich allmählich Geldknappheit an. Ich wollte es nicht wahrhaben, musste den Tatsachen aber ins Auge sehen. Ein befreundeter Anwalt aus Hamburg meinte, ich solle mich mal mit dem Gedanken befassen, das Haus zu verkaufen. Doch da gab es noch eine andere Stimme tief in mir. Und die sagte ganz deutlich: „Verkaufe das Haus nicht."

Ich betete immer wieder, fragte wieder und wieder nach. „Verkaufe das Haus nicht."

Ich entschied mich, dieser Stimme zu gehorchen.

Unsere Freunde Kalle und Birgitt sowie Tanja, die ich in unserer damaligen Gemeinde kennengelernt hatte, waren zum Gebet bei uns. Natürlich ging es um das Haus. Auch sie hielten einen Verkauf für das Vernünftigste.

Dennoch, es wurde gebetet.

Einige Tage später versuchte Birgitt, mich telefonisch zu erreichen, doch sie erreichte nur Florian. Erst nochmals einen Tag später bekam sie mich zu fassen. Zuerst druckste sie ein wenig herum, während sie erzählte, dass Jesus ihr etwas gesagt hätte, was sie mir unbedingt weitergeben sollte. Doch dann rückte sie damit heraus: „Du sollst das Haus nicht verkaufen."

Das war für mich so ein ermutigendes, kraftspendendes Wort, eine Bestätigung dessen, was ich selber empfangen hatte.

Ich verkaufte nicht.

Nach und nach konnte ich die Versicherungen nicht mehr bezahlen. Unsere Haushälterin war längst weg. Das Auto wurde stillgelegt

Das war besonders hart. Wie sollte ich nun das Hundefutter nach Hause bekommen? Und unsere Einkäufe?

Ich wurde Busfahrerin. Einmal im Monat fuhr zuerst die Pflegemutter von Florians Freund Jens, später unsere Nachbarin Annelie mit mir einkaufen, damit ich die Getränke nach Hause bekam. Überhaupt Einkaufen. Es war immer wieder fast wie ein Sechser im Lotto, ob genug Geld da war.

Der Garten, ja, das ganze Grundstück verwilderte. Auch das Haus wurde immer schmutziger. War ich mal krank, kam ich anschließend überhaupt nicht mehr gegen den ganzen Schmutz an.

Die Waschmaschine und nur wenige Tage später auch die Spülmaschine gingen kaputt. Mir fehlte natürlich das Geld, um diese reparieren zu lassen.

Die Leute im Dorf schienen mich mehr und mehr abzulehnen. Kurz: Ich war allein, niemand war da, dem ich hätte etwas erzählen mögen. Es war mir auch peinlich, Kalle und Birgitt davon zu erzählen und so lehnte ich ihre Versuche, Kontakt mit uns aufzunehmen, ab. Ich war einsam und alleine.

Und dann kam sie, die Mitteilung zur Zwangsversteigerung. Eine neue Nachbarin, mit der ich gerade einige Male wöchentlich zum Einkaufen gefahren war, so dass es allmählich nach einer leichten Besserung unserer Situation aussah, ließ mich fallen wie eine heiße Kartoffel. Im Dorf hieß es: In dem Haus da oben wohnt keiner mehr. Andere, die im Internet von der Versteigerung gelesen hatten, liefen einfach auf unser Grundstück, sahen durch unser Küchenfenster ins Haus hinein.

Trotz alledem musste ich einmal herzhaft lachen. Unsere Hunde waren draußen, ich gerade oben, als wieder mal eine Frau durch die Tür zwischen den beiden Häusern auf Privatfläche trat. Doch im nächsten Moment schossen die Hunde kläffend aus der offenen Tür des Wirtschaftsraumes raus und die Frau floh zu ihrem Auto, ihr Mann folgte ihr – und weg waren sie. Oh ja, ich habe die Hunde so richtig gelobt.

Die Zwangsversteigerung fand schließlich ein gutes Ende. Mein Bruder hatte ausgeholfen, wohl nicht ganz freiwillig. Da war noch einiges an Geld, das mir vom Verlag-Verkauf zustand. Und zum Leben gab es Geld in Form von zuvor lange nicht bezahlter Miete für unser vermietetes Elternhaus. Von nun an bekam ich meinen monatlichen Anteil.

Auch alle anderen Schulden, die ich in Raten abstotterte, wurden nun von meinem Bruder gezahlt, so dass ich nach Jahren endlich schuldenfrei war. Das Haus war frei.

Ein großer Schritt in die richtige Richtung. Wir sind Gott so dankbar, das ER in dieser schwierigen Zeit an unserer Seite war und uns niemals alleine gelassen hat, auch wenn es sich oft so angefühlt hat.

Wie ich wieder eine Gemeinde fand (Fortsetzung)

Es war Freitag. Am Sonntag war Gottesdienst, doch ich wusste immer noch nicht, wie wir hinkommen sollten. Schließlich überwand ich mich und rief bei Ehepaar Platt an. Sie nahm das Gespräch an. Ohne jegliche Anzeichen von Freude sagte sie zu, dass sie uns am Sonntag abholen würden.

Nach dem Telefonat schluckte ich schwer. Ich spürte, dass ich eigentlich unerwünscht war.

Ein anderer Freitag. Ich rief Melly an. Sie konnte es noch nicht sagen, würde morgen wissen, wie sie es machten. Am Samstagnachmittag hatte ich immer noch nichts von ihr gehört und rief wieder an. Ja, sie würden mich holen kommen.

Wieder spürte ich, dass ich eigentlich unerwünscht war.

Da Melly ja sechs Kinder hatte, war es sicher nicht leicht, alles unter einen Hut zu bekommen und somit war es natürlich auch verständlich, dass sie uns oft nicht mitnehmen konnten. Mal war das Auto voll, mal fuhren sie anschließend noch woanders hin. Alles verständlich.

Die Einzigen, bei denen ich Herzlichkeit fühlte, waren Sigrid und Martin aus Leck, die aber leider nur sehr selten in den Südergraben fuhren, da sie in Stedesand in eine kleine Gemeinde gingen. Einmal hatten sie mich dorthin mitgenommen. Doch wenn sie in den Südergraben fuhren, rief Sigrid mich immer an und fragte, ob sie uns mitnehmen sollten. Nur, wie schon erwähnt, waren sie selten in der Gemeinde in Flensburg.

Ich kam mir unerwünscht vor, als würde ich mich Woche für Woche aufdrängen. „Nehmt ihr uns bitte, bitte mit?" Nein, dazu hatte ich weder Lust noch den Nerv. Und so meldete ich mich einfach nicht mehr. Auch wenn das erneut bedeutete, kein geistliches Zuhause zu haben.

Wieder blieben nur christliche Bücher, Vorträge von Joyce Meyer. Jeden Sonntag hörte ich einen von ihr und ging anschließend die Bibelverse genau durch. Ich betete sehr viel. Auf die Höhepunkte im Jahr – die Breklumtagung und der Frauentag – freute ich mich jedes Mal riesig. In Breklum machte ich schließlich beim Segnungsgebet im Team von Petra und Wolfgang mit und es machte mir großen Spaß

Nachdem ich im vergangenen Jahr das erste Mal mitgebetet hatte, wollte ich es in diesem Herbst auch wieder machen und ließ dies auch Petra wissen. Ja, ich könne wieder mitbeten. Und wieder spürte ich, dass ich hierfür eine Gabe hatte.

Nach diesem Segnungsgebet gab es das letzte Mittagessen, bevor es anschließend wieder nach Hause ging. Ich saß neben Birgit Möller und sie erkundigte sich nach meiner Gemeinde. „Genau genommen habe ich gar keine. Ich fühle mich nach wie vor mit dem Sylter Hauskreis verbunden", antwortete ich.

Da Birgit die Anmeldungen für die Breklumtagung machte, wusste sie, das ich in Hörup wohnte und da ich für den Rückweg gleich nach einer Mitfahrgelegenheit gesucht hatte, wusste sie auch, das Leck nicht weit weg von uns lag, eben nur schon in Nordfriesland statt noch in Schleswig-Flensburg. Und so sagte sie: Ich kenne jemanden, die in einem Hauskreis in Leck ist." „In Leck gibt es einen Hauskreis!", rief ich überrascht aus. Sie bejahte es. „Ich werde mich um den Kontakt kümmern", versprach Birgit.

Der November zog dahin. Von Birgit hörte ich nichts. Hatte sie es vergessen? Schließlich rief ich sie an, um nachzufragen. Ja, sie hatte es vergessen. Sie entschuldigte sich und sagte dann: „Ich sehe sie morgen und werde sie darauf ansprechen."

Wieder verging fast eine Woche, ohne dass ich etwas von ihr gehört hatte. Allerdings hatte mehrmals eine mir unbekannte Nummer versucht, mich auf meinem Handy zu erreichen, doch die vergangenen Jahre hatten ihre Spuren hinterlassen und bei fremden Nummern traue ich mich nicht, ans Handy zu gehen.

Ich überlegte schon, Birgit nochmals anzurufen, als ich eine SMS reinbekam. Es wurde eine Thea erwähnt. Kannte ich nicht.

Dann stand da Birgit Möller – die KENNE ich! Umgehend rief ich zurück. Die Nummer hatte ich ja aufgrund der eingegangenen Anrufe von Dirk. Er war der Hauskreisleiter. Und er organisierte auch gleich eine Mitfahrgelegenheit. Paula Hinrichs aus Nordhackstedt.

Gleich am folgenden Dienstag holte sie mich ab. Und es stellte sich heraus, dass wir uns kannten. Ihre Tochter und Florian waren ein Jahr lang zusammen in einer Klasse gewesen. Das war in dem Jahr, in dem Florian in Schafflund zur Schule ging. Wir hatten sie damals auch einmal besucht. „Hatten wir nicht auch einen Hund dabei?", fiel es mir auf einmal ein. Paula nickte.

Leider hatte damals keiner von uns beiden von unserem Glauben erzählt.

In dem Hauskreis fühlte ich mich herzlich angenommen. Und als es dem Ende zuging, wurde nach einer Lösung gesucht, wie Florian und ich am Sonntag zum Gottesdienst kommen könnten. Es gab einige, die in Niebüll wohnten, andere in Leck. Allerdings würden viele schon gegen sieben oder acht Uhr im UCI-Kino sein, um dort aufzubauen und weitere Vorbereitungen zu treffen. Ja, die Kirche in Bewegung (KiB) hielt ihre Gottesdienste im Kino ab.

Es fanden sich tatsächlich welche, die uns abholten. Und so lernten wir eine sehr junge, lebendige Gemeinde kennen. Toller Lobpreis, wobei auch der junge Pastor so richtig aufdreht.

Anschließend wurden einige Handynummern getauscht, mit Menschen, die mich zum Hauskreis mitnehmen könnten – aus Flensburg kommend.

Es kam vor, dass wir dachten, Annette würde uns abholen, doch dann stand auf einmal schon mindestens zehn Minuten früher ein Auto oben auf unserem Hof. Wir wollten doch runterkommen. Und eben auch erst in zehn Minuten. Was war denn da los? Draußen warteten Dirk und seine Frau auf uns. Annette hatte ihnen eine WhatsApp geschickt, weil sich irgendetwas verändert hat und anstatt uns anzurufen und zu sagen, wir können euch nicht abholen, wurde hinter unserem Rücken nach einer anderen Möglichkeit gesucht, damit wir auch zum Gottesdienst kommen konnten. Wenn wir hier nicht angenommen waren, dann weiß ich auch nicht.

Danke Jesus, für deine wunderbare Führung, für diesen Hauskreis, diese Gemeinde – unser geistliches Zuhause.

Sommergewitter im Mai und seine Folgen

Es war Ende Mai. Ich war in der Küche und machte Frühstück, als im Radio eine Unwetterwarnung durchgegeben wurde. In Angeln und an der Flensburger Förde waren starke Gewitter, die nach Nordosten abziehen sollten. Dann war es ja gut.

Florian kam runter und wir setzten uns an den Tisch, um zu essen, als es allmählich immer dunkler wurde. Es wurde so dunkel, dass wir schließlich Licht anmachen mussten. Und es begann zu grummeln.

Das Gewitter zog doch in Richtung Westen.

Neben den Windrädern südlich von unserem Grundstück schlugen Blitze ein. Endlich begann es zu regnen.

Plötzlich war ein lauter Knall zu hören. Wir zuckten beide zusammen. Was war das? War der Blitz eingeschlagen? Doch das Radio lief weiter und auch das Licht blieb an. Also kein Stromausfall.

Endlich zog das Unwetter ab und schon bald schien wieder die Sonne.

Als Florian von seiner Arbeit auf dem Hof zurückkam, wusste er, was bei dem Knall passiert war: Torben und seine Eltern hatten kein Telefon sowie Internet mehr und Torbens PlayStation war kaputt. Bei uns war glücklicherweise überhaupt nichts passiert.

Probleme mit der Haut von Grace

Grace hatte hinten eine kahle Stelle in ihrem Fell und da sie daran rumknabberte, begann die Stelle zu bluten. Unter normalen Umständen hätte ich den Hund geschnappt und wäre mit ihm zum Tierarzt gefahren. Da ich aber nach dem wöchentlichen Einkauf nicht mal fünf Euro über hatte, war dies nicht möglich. Verzweifelt betete ich.

Grace cremte ich an der Stelle mit Propolis ein und alle bekamen Proplispulver ins Futter. Doch da Grace das Knabbern und Lecken nicht bleiben ließ, wurde die Stelle nicht besser. Also versuchte ich mein Glück mit dem Verbinden der Stelle mit einer Mullbinde.

Alle zwei Tage cremte ich die Stelle ein und verband sie neu. Und ich betete mehrmals täglich.

Zwischendurch bekam Grace die Mullbinde ab, so dass ich nun mit Hilfe von Leukoplast für besseren Halt der Binde sorgte. Aus diesem Grund cremte ich schließlich auch nicht mehr alle zwei Tage ein, sondern hin und wieder nur einmal wöchentlich.

Allmählich sah die Stelle besser aus. Die rötliche Färbung war weg.

Nach fünf Wochen, als ich den Verband mal wieder abnahm, war wieder Fell auf der Stelle! Lackschwarzes Fell.

Ich war so erleichtert und dankte Gott voller Freude.

Vergeben – eine schwere Aufgabe

Florian wollte gerade zu seiner Arbeit im Stall los. Er war spät dran und musste sich beeilen, als er mich rief.

„Mami, Susann kommt."

Susann? Unsere Nachbarin? Wir führten eigentlich keine nachbarliche Beziehung und seit dieses Haus im Zwang gewesen war, hatten sie und ihre Tochter uns fallen lassen wie eine heiße Kartoffel. Was also wollte sie jetzt am Montagmorgen? Ich musste Wäsche waschen, hatte also auch keine Zeit.

Da kam sie auch schon reingewirbelt. „Janina, Florian, setzt euch, ich will mit euch reden." Noch waren wir im Wirtschaftsraum. Susann direkt an der Tür nach draußen, Florian vor ihr, er wollte ja gerade raus und ich an der Tür zur Küche.

„Ich kann nicht, ich muss zur Arbeit", sagte Florian. „Los, kommt in die Küche, es ist wichtig", sprudelte Susann weiter.

Während sie so auf uns einredete, fühlte ich in mir die Tsunamiwelle höher und höher steigen. Mir schien es zudem, als kämen die Wände immer näher. Woher nahm sich diese Frau das Recht, so über uns zu bestimmen? Ich wusste nicht mehr, was sie sagte, ich weiß auch nicht, ob Florian mal etwas sagte. Ich spürte nur, wenn ich hier nicht gleich wegkam, knallt gleich eine Tür oder mehr und ich würde schreien. Dann aber ordentlich. Um das zu umgehen, gab es für mich nur noch eins: Rückzug!

Und so floh ich ins Schlafzimmer. Wenn auch mit einem schlechten Gewissen.

In der Gemeinde im Südergraben sprach ich mit einigen darüber und fragte, ob ich für mein Verhalten nicht um Vergebung bitten müsste. Alle meinten, ich bräuchte das nicht, sie sei ja Nichtchristin.

Da ich damit aber auch nicht zufrieden war, es aber nicht schaffte, den Privatweg bis zum Ende durch und zu Susann zu gehen, rief ich Birgitt an und erzählte ihr das Ganze. Aber auch sie meinte, ich bräuchte es nicht zu tun.

Zufrieden war ich damit irgendwie nicht, doch da ich auch Angst hatte, zu Susann zu gehen und zu vergeben ließ ich es dabei und mit der Zeit vergaß ich es dann auch.

Nun war ich aber in der neuen Gemeinde und zuerst im Hauskreis gelandet. Und da hatten wir eines schönen Hauskreisabends das Thema Vergebung. Mir fiel ein, dass da mal irgendetwas gewesen war, wo ich wohl hätte vergeben sollen, es aber nicht getan hatte. Doch worum genau es ging, hatte ich vergessen. Jedenfalls wurde klar: Wir müssen auf jeden Fall vergeben. Was sollen denn sonst die Nichtchristen von uns Christen denken? Außerdem sagte Jesus, wir sollen siebenmal siebzigmal vergeben.

Am folgenden Tag sprach ich mit Florian darüber. Und da sagte er doch tatsächlich, er wüsste noch, was es war. Ich fragte nach und er erzählte es mir. Und schlagartig war alles wieder da. Wollte ich das überhaupt? Ja, ich wollte Gott gehorsam sein, dazu gehörte auch das Vergeben. Doch einfach so wollte ich nicht los.

Ich begann dafür zu beten. Beim nächsten Gottesdienst sprach ich mit Dirk darüber. Ich solle ihm diese Angelegenheit per SMS zusenden und er stelle diese Bitte um Gebet dann in die Gruppe. Und ich nahm mir vor, es vor dem Hauskreis am Dienstagabend erledigt zu haben

Ich bat Jesus, Susann mit seinen Augen zu sehen und sie so zu lieben, wie er sie liebt. Und dass er mit mir rübergeht. Ich wusste die Gebete meines Hauskreises hinter mir und begab mich rüber in Susanns Garten, wo ich sie vom Privatweg aus schon gesehen hatte. Wie sollte ich mich bemerkbar machen, damit sie nicht erschreckte, überlegte ich und räusperte mich schließlich. Sie sah auf.

„Janina, du kommst?"

„Hallo Susann."

Ich ging langsam auf sie zu. Sie kam langsam auf mich zu

„Erinnerst du dich noch, als du bei uns im Wirtschaftsraum warst?", begann ich.

Sie nickte.

„Ich wollte wegen meinem Verhalten damals um Vergebung bitten."

„Ich vergebe dir aber nicht! Wir sind hier ja nicht im Himmel", konterte sie.

Da bräuchten wir es auch nicht mehr, dachte ich. Ich sah diese Frau an und fühlte Trauer für diese verlorene Seele und – ja, Liebe.

Wir setzten uns noch kurz an den Tisch hier im Garten, wechselten einige belanglose Sätze, dann ging ich wieder.

Und ich fühlte mich so gut. So frei. Zu Hause entdeckte ich eine SMS von jemandem vom Hauskreis. Sie wünschte alles Gute, Kraft und Gottes Beistand, wenn ich zu meiner Nachbarin ging. Sie hätte das zu keinem besseren Zeitpunkt machen können.

Es ist erstaunlich, wie gut und wie frei man sich fühlt, wenn man vergeben hat. Genau dasselbe habe ich damals bei meinem Bruder erlebt. Da machte es überhaupt nichts, dass weder er noch sie ebenfalls vergeben hatten. Ich hatte es geschafft, ich war Gott gegenüber gehorsam. Das war ein wunderbares Gefühl. Vor allem aber IHN so nahe gespürt zu haben, war ein unvergleichliches Erlebnis.

Überraschende Unterstützung vom Hauskreis und Angriffe vom Feind

Beim Hauskreis hielt ich mich mit dem Mitteilen unserer Situation sehr zurück. Ich wollte die anderen halt erst mal kennenlernen. Doch auch nach mehreren Wochen gelang es mir nicht, mich ihnen zu öffnen. Ich konnte nicht sagen, warum es so war, ich wusste nur, ich konnte es nicht.

Doch eines Tages entdeckte ich an Ephraims linkem Hinterschenkel eine recht große Wunde. Es war überhaupt gar kein Fell mehr da und es blutete auch etwas. Das war natürlich ein Problem, denn wir hatten immer noch weder Geld für den Tierarzt noch ein Auto, um überhaupt zu demselben zu kommen.

Ich war mal wieder total verzweifelt. Ich betete. Und schließlich entschloss ich mich, es dem Hauskreis mitzuteilen. Da ich jedoch keine Möglichkeit hatte, eine WhatsApp zu verschicken, sendete ich eine SMS an unseren Hauskreisleiter, mit der Bitte, diese Nachricht in die Gruppe einzustellen. Außerdem entschied ich mich, nicht zum Hauskreis zu gehen. Ich wollte lieber bei Ephraim bleiben.

Das Ganze fand nur wenige Wochen vor dem Seminarstart „Hören, Schweigen, Gott erleben" in Untermachtal statt. Hierfür suchte ich noch eine Mitfahrgelegenheit und nun konnte es möglichsein, dass ich mit dem Bruder von Joachim, den ich vor Jahren noch bei den Sylter Hauskreisen gemeinsam mit seiner Frau und deren kleinen Kindern nach Albanien ausgesandt hatte, mitfahren konnte. Er und seine Frau leiteten das Seminar. Noch in dieser Woche wollte mich Ada, die Mutter von Joachim, anrufen. Nun begann ich jedoch darüber nachzudenken, alles einfach abzusagen. Ich konnte doch Ephraim so nicht Florian überlassen.

Ich war sehr unsicher, was ich tun sollte. Ich betete viel, doch es blieb alles still. Es war, als sei Jesus ganz weit weg.

Dann kam der versprochene Anruf von Ada, mit der eigentlich tollen Nachricht, dass Matthias mich mitnehmen würde. Genau genommen hätte ich mich jetzt richtig freuen sollen, doch stattdessen erzählte ich von Ephraim, von meinen Sorgen und Gedanken und dass ich überlegte, alles bleiben zu lassen.

„Janina, lass dir die Freude nicht rauben, das ist ein Angriff", sagte Ada.

Ein Angriff? Daran hatte ich ja noch gar nicht gedacht. Aber es klang einleuchtend. Ja, natürlich. Und fast hätte der feind mich gehabt. Aber eben nur fast.

Wir unterhielten uns noch eine Weile weiter, dann bedankte ich mich bei ihr, dass sie am Wochenende, als Matthias bei ihr war, mit ihm darüber gesprochen hatte. Wir beendeten das Gespräch und ich schrieb eine SMS an Dirk, den Hauskreisleiter, mit der Bitte, die Nachricht wieder in die Gruppe zu stellen. Ich teilte darin mit, dass ich hier einem Angriff ausgeliefert gewesen war und tatsächlich fast nachgegeben hätte. Jetzt musste die Wunde von Ephraim noch heilen.

Beim nächsten Gottesdienst drückte Annette mir auf einmal einen Umschlag in die Hand und sie sagte: „Wir haben gesammelt." Mir kamen die Tränen.

Zu Hause sah ich dann, dass zweihundertsiebzig Euro in dem Umschlag waren.

Ich cremte Ephraims Wunde mit Propoliscreme ein und sie wurde tatsächlich besser. Ich bat Florian, die Creme noch weiter morgens und abends aufzutragen, als ich zu dem Seminar startete.

Nach einer sehr intensiven, tiefgehenden Woche kam ich wieder nach Hause. Seit zwei Tagen wusste ich von Florian, dass die Wunde von Ephraim wieder schlimmer war. Als ich nach meiner Rückkehr zusammen mit Florian, der gerade in die Mittagspause kam, als ich aus dem Taxi ausstieg, ins Haus und erst mal zum Rüdenzimmer ging, traf mich gleich beim Reinkommen der Schlag: Fellbüschel lagen an Ephraims Seite auf dem Boden und seine Wunde sah viel schlimmer aus als vor einigen Wochen. Nun gab es keine andere Möglichkeit mehr: Er musste so schnell wie möglich zum Tierarzt. Aber wie, ohne Auto?

Obwohl ich nicht wusste, wie ich zu der Praxis kommen sollte, rief ich sofort die Tierärztin an und ließ mir ein paar mehr Termine geben. Dann erzählte ich Dirk per SMS von der Situation und bat wieder mal. in der Gruppe mitzuteilen, dass ich unbedingt jemanden bräuchte, der mich zum Tierarzt fährt. Ich gab auch die Termine durch. Bis zum Nachmittag hatte sich tatsächlich die Leiterin bereit erklärt, mich mit Ephraim zu dem Termin am nächsten Vormittag zu fahren.

Es klappte auch alles bestens. Ephraim bekam Antibiotikum, dass ich ihm morgens und abends geben sollte. Nach zwei Wochen sollte eigentlich alles geheilt sein.

Oh, ich war so dankbar für die Hilfsbereitschaft von meinen Glaubensgeschwistern im Hauskreis.

Ja, sie waren tatsächlich für uns da! Inzwischen mussten auch Sunny und Isaac zum Tierarzt. Während Isaac noch in Behandlung war, war Sunny völlig unerwartet gestorben, als wir vom Pfingstgottesdienst nach Hause kamen. „Nein, das ist jetzt nicht wahr", stießen Florian und ich beide aus, als wir sie reglos vor dem Buffet liegen sahen. Ich zog sie zu mir, setzte mich auf den Fußboden und nahm sie auf den Schoß. Sie rührte sich nicht. Oh mein Seelchen, in elf Tagen wäre sie zwölf Jahre geworden.

Keine Woche später, es war Samstag und Florian war im Stall arbeiten, zog ein Gewitter auf. Einmal donnerte und blitzte es gleichzeitig Bei einem Donner war zeitgleich der Blitz und beides wurde von einem lauten Knall begleitet. Die Uhrzeit auf der kleinen Anlage, die im Wohnzimmer steht, war weg. Noch mehr? Ich blieb erst mal sitzen und trank meinen Kaffee weiter, nachdem ich mich von dem Schreck den Knall erholt hatte und bat Jesus wie auch schon vorher um Bewahrung.

Schließlich sah ich mich im Haus um. Doch was war das? Das Licht im Wirtschaftsraum ging nicht mehr aus. Wie jetzt? Ich kannte es nur, dass das Licht nicht mehr angeht. Aber nicht ausgehen? Im Flur unten ging es nicht an, in einem Teil im Flur oben auch nicht aus.

Schnell war klar, so konnte das nicht bleiben. Aber was kostete der Notdienst?

Ich versuchte mehrmals, Florian zu erreichen. Endlich rief er zurück. Peter, der Vater von seinem Chef, hatte früher mal als Elektriker gearbeitet, was aber schon ewig her war. Er sagte aber, unbedingt den Notdienst kommen lassen. Und er fragte, ob es irgendwo nach Rauch rieche.

Rauch?

Nein.

Ich rief also notgedrungen den Notdienst von unserem Elektriker an, der allerdings ewig brauchte, bis er mal zurückrief. Und endlich, als Florian auch schon wieder da war, fuhr er auf unseren Hof.

Als er schließlich wieder vom Hof fuhr, hatten wir keine funktionierende Heizung und auch das Garagentor ging nicht auf.

Ich hatte inzwischen Roy eine SMS geschrieben und ihm von allem erzählt und gefragt, ob das ein Angriff sei. „Ein Blitzeinschlag ist auf jeden Fall ein Angriff", schrieb er zurück.

Grund genug, beim Lobpreis im Gottesdienst so richtig in den Kampf zu gehen.

Am Montagvormittag kam dann jemand von unserer Heizungsfirma. Es stellte sich raus, dass wir hier ein Teil neu brauchten, das etwa drei- bis vierhundert Euro kosten würde. Und das ohne Versicherung!

Ich machte Lobpreis an und sang laut mit. Ich kann nicht sagen, woher es kam, aber ich fühlte mich getragen. Ich wusste nicht, was für Kosten da auf uns zukommen würden, aber ich schaffte es, das Ganze an Jesus abzugeben. Außerdem hatte Roy heute angerufen und nachgefragt, wie die Lage war. Nein, ich war nicht alleine. Und trotz allem hat Jesus uns doch bewahrt. Unser Haus steht noch. Uns war auch nichts passiert. Das sind doch Gründe, Gott zu loben

Epilog

In den Jahren der Gebenlehrzeit, viele der hier erzählten Erlebnisse fanden in diesen Jahren statt, habe ich tatsächlich sehr viel von Gott gelernt, genau das hatte Wolfgang wohl so empfangen.

Meine Wüstenzeit scheint nun dem Ende zuzugehen und Neues steht bevor. Das heißt natürlich nicht, dass es nicht immer wieder herausfordernde Zeiten geben wird. Doch ER lässt uns nicht alleine.

Es ist auf jeden Fall wichtig, immer bemüht zu sein, unserem Gott mehr zu gehorchen als den Menschen. Auch wenn das nicht gerade leicht ist, ist es mir doch sehr wichtig geworden. Ich möchte das, was Jesus für mich geplant hat, erleben und nicht sozusagen im Gefängnisvorhof stecken bleiben, so wie es vielen Christen ergeht.

Ich hoffe, meine Erlebnisse tragen dazu bei, dass Ihr unseren HERREN Jesus Christus besser kennen gelernt habt und vielleicht sogar „ja" zu IHM sagen könnt. ER hat buchstäblich alles für uns gegeben. ER liebt jeden einzelnen von uns – auch Dich!

Die Autorin

Janina Falk wurde 1966 in Hamburg geboren und lebt heute im Norden Schleswig Holsteins. Nach der Schule machte sie mehrere Praktika in Tierarztpraxen. Bevor sie eine Ausbildung zur Tierarzthelferin beginnen konnte, kündigte sich der erste ihrer beiden Söhne an. Als Besitzerin von mehreren Hunden entdeckte sie bald ihr Talent, ihre Lieblinge zu trainieren. Sie baute eine Sheltie Zucht auf und versuchte es mit einer Hundeschule. Schließlich wurde sie Tiernahrungsberaterin. Fester Bestandteil ihres Lebens ist der Glaube an Jesus, der ihr innere Sicherheit bringt. In der Freizeit ist sie gerne mit ihren Hunden in der Natur unterwegs. Schon seit ihrer Kindheit denkt sich Janina Falk gerne Geschichten aus und schreibt sie nieder.

Der Verlag

> *Wer aufhört besser zu werden, hat aufgehört gut zu sein!*

Basierend auf diesem Motto ist es dem novum Verlag ein Anliegen neue Manuskripte aufzuspüren, zu veröffentlichen und deren Autoren langfristig zu fördern. Mittlerweile gilt der 1997 gegründete und mehrfach prämierte Verlag als Spezialist für Neuautoren in Deutschland, Österreich und der Schweiz.

Für jedes neue Manuskript wird innerhalb weniger Wochen eine kostenfreie, unverbindliche Lektorats-Prüfung erstellt.

Weitere Informationen zum Verlag und seinen Büchern finden Sie im Internet unter:

www.novumverlag.com

Bewerten Sie dieses Buch auf unserer Homepage!

www.novumverlag.com